HENNING DREWS · DANIEL JÜTTNER

MAUL
Schwäbisches Soulfood
TASCHEN

SILBERBURG

INHALT

Vorwort – »'s gibt nix Bessers wie ebbes Guats!« ... 8

MAULTASCHEN-BASICS ... 11

Die Maultasche – eine schwäbische Erfolgsgeschichte ... 12
Einfach und besonders ... 14
Traditionell und kreativ ... 14
Massentauglich, individuell und exklusiv ... 15
Alltäglich, festtäglich, familiär ... 17
Mehr als nur Lebensabschnittsgefährte ... 18
Neu, süß, experimentell ... 18

Maultaschen selbst gemacht – Grundlagen und Grundfragen ... 22
Der Nudelteig ... 24
Petersilienfülle – Oma Ritas erster Streich ... 27
Brät-Quark-Fülle à la Oma Martha ... 28
Ei-und-Speck-Fülle – Oma Ritas zweiter Streich ... 29
Vegetarische Fülle mit Soja ... 30
Vegetarische Fülle mit Laugenbrezel, Spinat und Frischkäse ... 31

Vegetarische Fülle mit Soja, S. 30

Geschmälzte Maultaschen mit Zwiebeln, S. 42

Die Maultaschenwerdung – falten und wickeln 32
Falten 32
Wickeln 32
Gefaltet oder gewickelt? 32
Garen 33
Ganz, in Streifen, in Stücken oder quer? 37

Maultaschenzubereitung traditionell 39
Geschmälzte Maultaschen mit Ei 40
Geschmälzte Maultaschen mit Zwiebeln 42
Geschmälzte Maultaschen mit Käse 44
Maultaschen in der Brühe 46
In der Brühe oder geschmälzt? 48
Maultaschen kalt verzehren? 48

MAULTASCHEN-VARIATIONEN 51

Maultaschen gut und besser bürgerlich 52
Maultaschenauflauf »traditionell« 52
Maultaschen mit weißem Spargel 54
Maultaschen in Grüner-Spargel-Sekt-Limetten-Sauce 56
Maultaschen »Juhulian« 58
Krautmaultaschen 60

Maultaschen »BER«, S. 80

Maultaschen weltbürgerlich ... 62
Maultaschenbifteki mit zweierlei Saucen ... 62
Maultaschen »Valencia« ... 64
Maultaschen »Allerthai« ... 66
Meze-Maultaschen-Salat ... 68
Maultaschen in weißer Sauce à la Alois ... 70
Griechisch-schwäbischer Maultaschenauflauf »Panagiotis« ... 72

Junge Klassiker – eingeschwäbelt ... 76
Schwäbisches Chili mit Maultaschen – ein Gastbeitrag aus dem badischen Exil ... 76
Maultaschen »BER« ... 80
Maultaschenfrühstück à la Cannstatter Karneval ... 82
Maultaschenlasagne »San Marco« ... 84
Maultaschenburger ... 88

Süße Maultaschen ... 92
Apfelmaultaschen mit Vanillesauce ... 92
Maultaschen »Serigala Dengan Jalan« ... 94
Weitere Füllen für süße Maultaschen ... 96
Italienisch ... 96
Exotisch ... 97
Einfach ... 97

Apfelmaultaschen mit Vanillesauce, S. 92

MAULTASCHENMENÜS 99

Maultaschenmenü »gutbürgerlich« 100
Maultaschenmenü »Weltruf« 102
Maultaschenmenü »jung, wild, lecker« 104

... UND KEIN ENDE 107

Making of und Outtakes 108
Maultaschen-Canapés 110
Maultaschen im Eimer 110

Glossar 112
Schwäbische Wörter 112
Schwäbische Redewendungen 116
Die Autoren | Der Fotograf 118
Impressum 119

Maultaschen-Canapés, S. 110

VORWORT – »'S GIBT NIX BESSERS WIE EBBES GUATS!«

Wer kennt sie nicht, die Maultasche? Diese köstliche, mit Brät, Hack und Kräutern gefüllte Teigtasche aus unserem Ländle? Und wer kennt sie nicht, die traditionellen Maultaschengerichte: *geschmälzt* mit Zwiebeln oder Ei oder in der Brühe?

Worüber sich allerdings die wenigsten im Klaren sind, vor allem wenn sie außerhalb Schwabens leben, ist, dass sich neben den traditionellen Zubereitungsarten mittlerweile eine Vielzahl anderer kreativer Rezepte etabliert hat. Denn irgendwann streben die kreativen Köpfe und hungrigen Mägen schwäbischer *Tüftler* danach, ihre Lieblingsgerichte zu optimieren, zu variieren und einfach Neues auszuprobieren. Unter der Hand oder im Internet weitergegeben, erfreuen sich einige dieser Kreationen – wie zum Beispiel der sensationelle Maultaschenauflauf mit Lauch und Speck – einer erheblichen Beliebtheit. Diese neuen Rezepte machen die Maultasche zu einer lebendigen Tradition, einer kulinarischen »Graswurzelbewegung«. Diese Welt der jungen, kreativen Maultaschenrezepte wollen wir Ihnen mit diesem Buch eröffnen. Dabei erheben wir selbstverständlich keinen Anspruch auf Vollständigkeit bei den Möglichkeiten der Teig- und *Fülle*zubereitung, bei den Techniken der Maultaschenherstellung oder bei den einzelnen Rezepten.

Wir wollen Sie mitnehmen auf eine Reise durch ein Leben mit der Maultasche und mit unseren ganz persönlichen, über die letzten Jahrzehnte gesammelten Lieblingsrezepten. Dafür haben wir in unserer Kindheit im Großraum Stuttgart gekramt und alte Familienrezepte für selbstgemachte Maultaschen zu Tage gefördert. Wir haben uns an die Studentenzeit in Tübingen, dem Zentrum des schwäbischen Geistes, erinnert, als wir in unserer WG aus Maultaschen günstige, gesellige und kreative Gerichte kochten. Und wir haben auch danach fleißig protokolliert, als die Maultaschenrezepte eher von charakterlicher Reife, Welterfahrung und finanzieller Unabhängigkeit geprägt waren und uns im Exil ein gutes Stück schwäbische Heimat beschert haben – wie es sich für echtes Soulfood gehört. An diesem reichen Maultaschenerfahrungsschatz wollen wir Sie teilhaben lassen: mit Rezepten zum Nachkochen und durch informative und unter-

Ein Augen- und Gaumenschmaus, ob alleine …

haltsame Anekdoten, die Ihnen das »Soul« in »Soulfood« näherbringen und das Verdauen zwischen den einzelnen Maultaschengängen versüßen sollen.

Sollten Sie dabei den einen oder anderen schwäbischen Fachbegriff nicht kennen oder Ihr Wissen über die Feinheiten des Schwäbischen vertiefen wollen, finden Sie am Ende des Buches ein kleines schwäbisches Glossar. So können Sie sich – ob Schwabe oder nicht – neben den handwerklichen Fertigkeiten des Maultaschenmachens auch noch die entsprechende Fachsprache aneignen. Die im Glossar erklärten Begriffe sind in den Texten kursiv gehalten.

Unsere Rundreise durch die zeitgenössische Maultaschenküche beginnen wir mit einer Einführung zu Entstehungsmythos, Geschichte und dem heutigen Stellenwert der Maultasche im Ländle. In den anschließenden Grundfragen und Grundlagen der Maultaschenküche erfahren Sie alles, was Sie über das schwäbische Nationalgericht wissen müssen – inklusive der erwähnten Familienrezepte für selbstgemachte Maultaschen sowie traditioneller Maultaschengerichte.

Dann führen wir Sie weiter zum zweiten Teil des Buches mit neuen, pfiffigen und fantasievollen Rezeptideen. Zuerst kommen die Rezepte mit Elementen der gutbürgerlichen Küche. Beispielhaft sind hierfür die Spargelgerichte oder der schon erwähnte Lauch-Speck-Maultaschenauflauf. Im Anschluss geht es hinaus in die Welt zu den internationalen, weltbürgerlichen Varianten der Maultasche, wie zum Beispiel die Maultaschen auf thailändische, griechische, italo-spanische oder pommersche Art. Dann stehen junge

... oder in ungewöhnlichen Kombinationen.

Klassiker auf dem Programm, ja sogar Fast Food, das durch Maultaschen veredelt wird. Lassen Sie sich überraschen, zu welchem Gaumenschmaus Hamburger oder Currywurst werden können, wenn man sie selbst frisch und mit Maultaschen zubereitet!

Wer danach noch Lust auf einen Nachtisch hat, findet in diesem Buch auch süße Maultaschenvariationen!

Und »last but not least« machen wir Ihnen noch konkrete Menüvorschläge für den gelungenen Maultaschenabend, damit auch Sie nach einem reichhaltigen und unglaublich leckeren Maultaschenschmaus schließlich zur der urschwäbischen Erkenntnis kommen, die unser bisheriges Leben mit der Maultasche zusammenfasst und die als Motto über diesem Buch steht: *»'s gibt nix Bessers wie ebbes Guats!«*

In diesem Sinne gutes Gelingen, guten Appetit und viel Spaß mit beidem: den Maultaschengerichten und den Maultaschengeschichten.

Henning Drews und Daniel Jüttner

MAUL-TASCHEN-BASICS

DIE MAULTASCHE – EINE SCHWÄBISCHE ERFOLGSGESCHICHTE

Es begann mit einem *Bollen* Fleisch ... Die Erzählung um die Entstehung der Maultasche ist weithin bekannt: Zisterziensermönche des Klosters Maulbronn kamen – unter nicht geklärten Umständen, aber Wunder sind bei Religionsgemeinschaften ja nicht unüblich – zu einem schönen Stück Fleisch. Leider war Fastenzeit, sodass man sich in einem klassischen Dilemma von Gläubigen zwischen Gottgefälligkeit und Fleischeslust befand. Wer den guten schwäbischen Zwiebelrostbraten kennt, der weiß, wie enorm die Versuchung gewesen sein muss! Die Lösung der *knitzen Käpsele* in Kutten war so einfach wie genial. Das Fleisch wurde gehackt und mit vielen Kräutern vermengt. Durch dieses Vorgehen reduzierte sich der Fleischanteil und damit natürlich auch die Größe der Sünde. Außerdem sah das Endprodukt nicht mehr ganz so sehr nach Fleisch aus. Um dann ganz auf Nummer sicher zu gehen, wurde die Fleisch-Kräuter-Masse noch in Nudelteig versteckt – getreu dem Motto: »Was der Herrgott nicht weiß, macht ihn nicht heiß«, und schwupps war eine neue Fastenspeise geboren. Aus diesem Entstehungsmythos leitet sich übrigens auch der inoffizielle Name der Maultasche her – »Herrgottsbscheißerle«.

Darüber hinaus gibt es – leider bislang unbestätigte – Geschichten, wie die Maultasche zur Mutter der Teigtaschen dieser Welt wurde. Entscheidend daran beteiligt sind unsere beiden großen Stauferkaiser und ein berühmter Italiener. Zunächst begab es sich zur der Zeit, als Kaiser Barbarossa auf seinen Kreuzzug auszog. Dieser wird ja in der Geschichtsschreibung eher als Misserfolg gedeutet, da den Kaiser mitten in Anatolien beim Baden im Saleph der Pazifismus überkam und er lieber verschied, als sich weiter mit den »Ungläubigen« zu streiten. Was die klassische Geschichtsschreibung hierbei gerne vergisst, ist die Tatsache, dass sich in dem nach dem Tod des Kaisers führerlosen Trupp viele, vor allem aus dem zivilen Begleittross, neu orientierten und es dabei zu regem Austausch mit der einheimischen Bevölkerung kam. Natürlich vermischten sich dabei auch Kulturelemente und so entstand – so die Geschichte – in dieser kurzen, aber intensiven Zeit des turko-suebischen Austauschs der Börek, eine türkische Maultasche, bei der der

Die Maultasche: Fasten, ohne zu verzichten!

Auf diesem Bild versteckt sich ein kleines Steak.

Nudelteig durch eine Art Blätterteig ersetzt und die Füllungsmöglichkeiten im Wesentlichen um Schafskäse erweitert wurden.

Der andere für die Maultaschenverbreitung maßgebliche Staufer war Barbarossas Enkel Friedrich II. Da der ja schon von vornherein eher Pazifist war, hielt er vom Kreuzziehen nicht sehr viel und starb so auch nicht beim Baden in einem Fluss. Dennoch erlangte er Jerusalem für die Christenheit zurück und zwar durch freundschaftliche Verhandlungen mit Sultan al-Kamil bei einem Maultaschenfestmahl – so die inoffizielle Version. Dieses Ereignis ist aber nur eine kleine Randnotiz in der Geschichte der Maultasche, denn neben dem Pazifismus zeichnete sich Herr Friedrich II. durch eine ausgeprägte Liebe zu Italien aus. Eigentlich war er eher in Sizilien denn in Deutschland zu Hause. Lediglich die zur damaligen Zeit noch eher unterentwickelte italienische Küche machte ihm das Leben schwer, denn ohne sein schwäbisches Soulfood drohte er in ewiger Melancholie zu versinken. Erleichterung brachte erst die Entsendung schwäbischer Köche, die in der Folge die kulinarische Explosion im Stiefel ermöglichten. Über Kärnten und Südtirol, wo sie die Schlick- beziehungsweise Schlutzkrapfen hinterließen, zogen sie nach Italien.

Dort sehen wir von der damals eingeführten Maultaschenküche noch so nam- und schmackhafte Weiterentwicklungen wie Tortellini, Cannelloni oder Ravioli.

Kurz nach dem Tod Friedrichs II. ging die Maultasche von Italien um die Welt. Zwar war es kein Schwabe, der die Maultasche verbreitete, sondern Marco Polo, aber dafür machte er es gründlich. So gründlich, dass sich heute fast die gesamte Reiseroute Marco Polos durch Maultaschenabkömmlinge in der lokalen Küche nachvollziehen lässt: Am Ende der Mittelmeerdurchquerung landete der Venezianer im heutigen Israel. Seither gibt es dort ein leckeres Gericht namens Kreplach, das den Maultaschen sehr ähnelt. Weiter ging es nach Norden, vorbei an der Gegend, in der schon Barbarossa seine Spuren in Form von Teigtaschen hinterlassen hatte. Unterhalb des Kaukasus querte er dann nach Osten in Richtung des heutigen Irans und Afghanistans auf die Seidenstraße, aber nicht ohne vorher Chinkali in Georgien und Boraki in Armenien eingeführt zu haben. Weiter im Verlauf der Seidenstraße, die genauso gut Maultaschenstraße heißen könnte, finden sich heute in Zentralasien Manti, mit Hackfleisch oder Linsen gefüllte Teigtaschen, sowie Buuds und Chuuschuur, die mit Rind-, Schaf-, Hammel- oder Yakfleisch gefüllt werden und hauptsächlich in der Mongolei verbreitet sind.

Schließlich, in China angekommen, stieß Marco Polo eine Kreativitätsexplosion an, die die chinesische Küche heute zur Königin unter den Teigtaschenproduzenten macht: Da stehen Baozi neben Jiaozi, Wan Tan neben Frühlingsrollen und Xiaolongbao. Doch damit nicht genug: Auf dem Rückweg, den er zu See bestritt, hinterließ Marco Polo Bánh Bao in Vietnam, Bakpao in Malaysia, Pau in Indonesien und schließlich Samosa in Indien und Pakistan.

Und das alles nur wegen eines *Bollens* Fleisch und ein paar Mönchen in Schwaben ...

So viel zur Geschichte und Verbreitung der Maultasche. Doch wie steht es um die Bedeutung der Maultasche im Schwabenländle der Gegenwart?

EINFACH UND BESONDERS

Während in diesem Büchlein hauptsächlich um verschiedene Zubereitungsarten geht, wollen wir uns zu Beginn einem ganz besonderen Rezept widmen, nämlich dem Erfolgsrezept der Maultasche. Was macht sie so erfolgreich, dass sie es bis zum schwäbischen Nationalgericht gebracht hat?

Die Maultasche ist lecker, keine Frage. Aber vieles ist lecker auf dieser Welt und insbesondere in der schwäbischen Küche. Warum schaffte es ausgerechnet die Maultasche, sich über die Jahre, Jahrzehnte und Jahrhunderte einen festen Platz im Speiseplan der Schwaben zu erhalten? Genug Gelegenheit hätte es gegeben – vor allem im Zeichen der kulinarischen Globalisierung –, dass auch die Maultasche heimlich, still und leise anderen einst alltäglichen Köstlichkeiten – wie zum Beispiel der Maikäfersuppe – in die Vergessenheit nachfolgt.

TRADITIONELL UND KREATIV

Diese Fragestellung führt uns schnurstracks zu Adam und Eva oder zur erkenntnisphilosophischen Grundfrage: Was ist die Maultasche? Natürlich: Eine Maultasche ist eine Maultasche ist eine Maultasche. So weit, so klar. Aber welcher kulinarischen Kategorie ist sie zuzuordnen? Ist sie ein für sich stehendes Hauptgericht, das nichts weiter außer etwas Brühe oder Zwiebeln zur Optimierung braucht? Ist sie ein Nudelgericht – gar eine Pasta, die mit Saucen aller Art verfeinert gehört? Oder ist sie etwa nur eine Beilage? Und welche Füllung ist erlaubt? Nur klassisch mit Hack, Kräutern und vielleicht etwas Brät? Oder alles, was man will? Also Pilze, Gemüse, Wild und sogar süße Füllungen?

Natürlich geht alles, und vieles wird auch umgesetzt, wie über 300 Maultaschenrezeptideen auf einschlägigen Internetportalen zeigen und wie wir selbst in kreativen, gemütlichen Kochsessions mit dem ein oder anderen Glas Württemberger Wein erlebt und erkannt haben. Dass sich Vielfalt in diesem Fall dennoch nicht in kulinarischer Beliebigkeit verläuft, dafür sorgen Maultaschenpuristen, die die klare, orthodoxe Maultaschenlehre hochhalten: klassische *Fülle*, zubereitet in der Brühe oder *geschmälzt*. Nix weiter.

Oder wie es das schwäbische Original und der Großmeister der schwäbischen Küche, Vincent Klink, formuliert: »Die Maultasche muss Maultasche bleiben.«

MASSENTAUGLICH, INDIVIDUELL UND EXKLUSIV

Es lässt sich also mit Fug und Recht behaupten, dass die Maultasche Projektionsfläche und Objekt von kulinarischen Traditionalisten ebenso wie für experimentierfreudige Küchenexpressionisten ist. Neben traditionell und experimentell sollte die dritte Ausprägungsform der Maultasche nicht vergessen werden: die Fabrikmaultasche. Auch wenn Industriefood in der Regel anrüchig klingt, gibt es durchaus Maultaschenmassenproduzenten, die ein erstaunlich gutes Produkt anbieten, auch wenn ihnen natürlich die Variabilität und Individualität der selbstgemachten abgeht. Nichtsdestoweniger sind es Fabrikmaultaschen, die die Maultasche heutzutage zum alltagsfähigen Massenprodukt machen und ihr eine die sozialen Schichten überspannende Reichweite verleihen.

Maultaschen – traditionell, kreativ und Gott sei Dank keine Maikäfersuppe.

8 1447 12
4½"

Hausgemacht ein göttliches Gericht,
aus der Fabrik erstaunlich gut.

Die Arbeiterschaft, von der es in Baden-Württemberg dank der Vielzahl mittelständischer und größerer Unternehmen, vor allem in den Bereichen Automobilindustrie und Maschinenbau, noch reichlich gibt, holt sich mittags ihre Maultaschen in der Kantine oder im Bistro. Beim Daimler zum Beispiel sind Maultaschen nach Schnitzel und Cordon bleu das drittbeliebteste Gericht – weit vor der vielbeschworenen Currywurst! Darüber hinaus sind diese Daimler-Maultaschen Spezialanfertigungen ohne Zusatzstoffe. Damit entsprechen sie auch den Wünschen des gesundheitsbewussten mittleren Managements, das sich mittlerweile – beim Daimler und in ganz Baden-Württemberg – zu großen Teilen aus dem neuen grün-schwarzen schwäbischen Bürgertum rekrutiert.

Und wem »ohne Zusatzstoffe« nicht »öko« genug ist, dem ermöglichen die Maultaschen vom Bioladen um die Ecke – gerne auch vegetarisch oder vegan – die Zugehörigkeit zur Maultaschencommunity und damit zur Mitte der schwäbischen Gesellschaft. Und am oberen Ende der Pyramide? Da speist der Chef in der baden-württembergischen Gourmetgastronomie. Vincent Klinks feine Küche wurde bereits erwähnt, und die Maultasche hat ihren Weg sogar bis ins Gourmet-Mekka Baiersbronn gefunden, wo sie auch den Bundespräsidenten beglückte, wie der Schwarzwälder Bote im Oktober 2011 zu berichten wusste.

Und dabei ist Baiersbronn gar nicht mitten in Schwaben! Es ist an der Grenze zu Baden und damit ein Beweis für die enorme integrative Kraft der Maultasche. Denn wo sich Badener und Schwaben bis heute, 60 Jahre nach der Ländervereinigung, nicht riechen können, sitzen sie im Maultaschenduft friedlich an einem Tisch und teilen die Liebe zu diesem göttlichen Gericht.

ALLTÄGLICH, FESTTÄGLICH, FAMILIÄR

Abseits der großen Bühne als Vermittler in »Klassenkampf« und badisch-schwäbischer »Erbfeindschaft« ist die Maultasche vor allem bei der Basis, also der schwäbischen Familie, erfolgreich. Denn auf das Privat- und Familienleben übertragen ist das Spannungsfeld zwischen Gourmetküche und Massenprodukt der Gegensatz zwischen selbstgemacht und gekauft. Die selbstgemachten Maultaschen werden meist nach Familienrezepten – wie sich in diesem Buch auch ein paar finden – zubereitet und taugen meist im Verbund mit dem selbst zubereiteten schwäbischen Kartoffelsalat durchaus zu einem festlichen Mahl im Kreise der Lieben. Doch das Selbermachen hat seine Grenzen. Zwar kann man durchaus von Zeit zu Zeit auch mit einem Säugling im Tragetuch noch Maultaschen herstellen, aber wirklich alltagstauglich ist das heutzutage nicht mehr. Gekaufte Maultaschen, ob vom örtlichen Metzger oder Supermarkt, oder auch aufgetaute selbstgemachte, sind da eine praktikable Alternative. Sie ermöglichen einen kurzen, schnell zubereitbaren Snack im Alltagsstress, wenn es schnell gehen muss, wenn die Kinder eben doch etwas Warmes, Selbstgemachtes zum Mittagessen bekommen sollen, aber die Mittagspause nur kurz ist. Oder wenn abends doch noch etwas Gehaltvolles gewünscht wird, aber sich der Aufwand in Grenzen

Wo immer wir gerade leben, Maultaschen gehören zur Familie.

halten soll. Und in einer Zeit, in der beide Elternteile berufstätig sind, ist die Maultasche auch deshalb beliebt, weil es kinderleicht zuzubereitende Versionen von ihr gibt. So sind Maultaschen in der Brühe, angebraten oder mit Käse überbacken oftmals eines der ersten Gerichte, das Schwabenkinder selbst zubereiten können.

MEHR ALS NUR LEBENSABSCHNITTSGEFÄHRTE

Dies ist dann der Auftakt zu einer lebenslangen Beziehung, während der die Maultasche das Schwäblein durch die verschiedenen Lebensphasen begleitet. Dabei findet der individuelle schwäbische Lebensweg seinen Niederschlag in bestimmten Rezepten – eine einzigartige Maultaschensozialisation entsteht, die zu völlig neuen Varianten von Maultaschenkreationen führen kann. Die kreativsten und dabei schmackhaftesten Ergebnisse unserer Maultaschensozialisation sind in diesem Buch versammelt.

NEU, SÜSS, EXPERIMENTELL

Wir haben uns auch einer bislang eher unbekannten Art der Maultasche gewidmet: der süßen. Denn eine Mahlzeit wird gern von einem süßen Nachtisch abgerundet. Wer würde da widersprechen, zumal es doch eine klare biologische Erklärung für die Lust auf einen süßen Nachtisch gibt: Besonders bei kohlenhydratreichen Speisen – und Maultaschen, vor allem wenn sie mit Kartoffelsalat genossen werden, beinhalten so manches Kohlenhydrätle – steigt der Blutzuckerspiegel schnell an, der Körper produziert Insulin, um den Zucker aus dem Blut in die Zellen aufnehmen zu können. Hierdurch fällt der

Blutzuckerspiegel wieder und es stellt sich der Drang ein, dem Körper erneut Zucker zuzuführen. Wartet man aber ungefähr zehn Minuten ab, reguliert sich der Blutzuckerspiegel von selbst wieder. Oder man isst einfach ein Dessert – und in zehn Minuten lässt sich so einiges an Nachtisch verputzen ...

Allerdings könnten Zweifel aufkommen, ob dieses biologisch-kulinarische Gesetz auch in Schwaben seine Gültigkeit hat. Denn ausgerechnet die so variantenreiche schwäbische Küche ist erstaunlich arm an original schwäbischen Süßspeisen. Von Kuchen und anderen Backwaren abgesehen, sind uns aus dem Stegreif eigentlich nur der »Ofaschlupfer«, ein süßer Auflauf aus in Milch eingeweichten, altbackenen Brötchen und Äpfeln, sowie der »Kirschenmichel«, im Wesentlichen ein »Ofaschlupfer« mit Kirschen, eingefallen. Nach etwas Überlegen kam man dann noch auf Nonnenfürzle, ein Schmalzgebäck, das zur *Fasnet* angeboten wird. Doch damit hatte es sich schon. Auch das Standardwerk »Köstliche Spezialitäten aus der schwäbischen Küche« von 1973 listet unter den 150 Rezepten ganze acht Süßspeisen auf. Wie sehr sich die Autorin bemüht haben muss, ein paar Süßspeisen zusammenzukratzen, merkt man auch daran, dass sie zum einen »Ofenschlupfer« und »Dampfnudeln« in je zwei Variationen auflistet und zum anderen eine »Chriese-*Kratzete*« vorstellt, ein Nachtisch mit Kirschen. »Chriesi« ist der schweizerische Name für Kirschen. Die Vermutung liegt also nahe, dass dieser Nachtisch nicht original schwäbisch ist. Darüber hinaus präsentiert die Autorin ein Gericht namens »Schnitz und Zwetschgen«. Dieses besteht ausschließlich aus in Wasser eingeweichtem Dörrobst mit Zimt und Zucker. Alles in allem also eher enttäuschend. Die restlichen Süßspeisen sind übrigens »Pfitzauf« und »Molkenblootz«.

Diese Dessertarmut der schwäbischen Küche bedeutet nun aber ganz und gar nicht, dass sich die Schwaben nichts aus Süßem machen. Auch im schwäbischen Vokabular kommt das Thema Süßes ganz und gar nicht zu kurz: Die schwäbischen Weihnachtsplätzchen, die *Brötle* oder *Gutsle*, sind eine kulinarische Institution. Ähnliches gilt für den *Schleck*. Den stecken schwäbische Großeltern gerne ihren Enkeln zu. Meist nachdem sie sie mit dem Satz: *»Jetz kommsch amol her, na kriegsch 'n Schleck!«* gerufen haben. Mein Großvater hielt zu diesem Zweck immer mehrere *Bombole* bereit. *Schleckig* ist jemand, der in Bezug auf bestimmte Nahrungsmittel

Auf zu neuen Ufern: Daniel Jüttner beim Experimentieren erwischt.

wie beispielsweise Spinat und Rosenkohl wählerisch ist – das heißt, er mag bestimmte Sachen einfach nicht, Süßes dagegen schon. Und natürlich ist das *Betthupferle* nicht zu vergessen. Das ist eine kleine Süßigkeit, die es zur Nacht hin gibt – oft auf dem Kopfkissen platziert – und die einem das Einschlafen erleichtern soll. Und dass das Leben manchmal hart sein kann, weiß man in Schwaben auch, man verpackt es nur süßer: *'s Leba isch koin Schlotzer!*

Wie Sie sehen, auch dem Schwaben mangelt es nicht an Lust und Liebe, wenn es um Süßes geht, und dennoch leidet die schwäbische Küche an dieser unerklärlichen Dessertarmut. Höchste Zeit, dies zu ändern! Und welches Gericht böte sich besser als Basis für ein echt schwäbisches Dessert an als die Maultasche? Probieren Sie also in diesem Buch unsere in minutiöser Kleinstarbeit ausgetüftelten oder im Traum erschienenen, eingehend geprüften und für exzellent befundenen Vorschläge für süße Maultaschen einfach selbst aus! Denn vielleicht mehr noch als die anderen Maultaschengerichte sollen die süßen Verlockungen Anregungen zum Experimentieren und Kreativwerden sein. Auf dass bald neben Nonnenfürzle auch die süßen Herrgottsbscheißerle – als Fortsetzung der schwäbischen Erfolgsgeschichte der Maultasche – ihren festen Platz unter den süßen Sünden Schwabens haben werden!

Gelungenes Dessertexperiment – die Giotto-Maultasche!

MAULTASCHEN SELBST GEMACHT – GRUNDLAGEN UND GRUNDFRAGEN

Grundlage eines guten Maultaschengerichtes sind natürlich gute Maultaschen. Der wahre Schwabe macht sie selbst oder beherrscht dieses Handwerk zumindest, denn er war von Säuglingstagen an oft genug dabei und hat es sozusagen mit der Muttermilch aufgesogen – so wie das kleine Fräulein Drews frühzeitig in die Kunst des Maultaschenmachens eingeführt wurde.

Maultaschen laden ja förmlich zu Wortspielen mit »Hülle« und »Fülle« oder Ähnlichem ein. Umso mehr, als das Schwäbische, das ja bekannt dafür ist, gerne Silben zu verschlucken, auch bei der Füllung gerne die Endsilbe weglässt und man im Ländle einfach gerne von der *Fülle* spricht. Folgerichtig kann man Maultaschen einprägsam definieren als »*Fülle* mit Hülle« (der Spruch ist nicht neu, aber immer wieder gut).

Es gibt eine wahre Fülle an *Füllen* für die Maultasche. Wir präsentieren Ihnen hier drei traditionelle *Füllen*, wie wir sie von unseren Großmüttern gelernt haben, sowie zwei vegetarische Eigenkreationen. Grundsätzlich sind der Fantasie aber quasi keine Grenzen gesetzt, so dass Sie sich frei nach Gusto austoben und ausprobieren können.

Sollten Sie sich noch nicht in der Kunst des Maultaschenmachens versucht haben oder fehlt Ihren Maultaschen irgendwie der Geschmack, der Pep, das Maultaschenhafte, dann probieren Sie doch einfach einmal eines dieser fünf Rezepte für Maultaschen*füllen*. Drei davon stammen von unseren Großeltern und sind damit durch viele kritische Familiengaumen qualitätsgeprüft. Die anderen beiden sind vegetarisch. Auch wenn das sicherlich nicht traditionell ist, sind diese Varianten doch lecker, und ehrlich gesagt finden wir es sehr sinnvoll – im Zeichen von Klimawandel, Massentierhaltung und globaler Ressourcenknappheit –, von Zeit zu Zeit auf Fleisch zu verzichten.

Neben den Rezepten wollen wir Sie hier noch in die Grundlagen und Grundfragen rund um die Maultaschenküche einführen. Es ist nämlich keinesfalls egal, wie der Teig die Maultasche umschließt, ob er gefaltet oder gerollt wird oder ob und wie man die Maulta-

Ehrensache, auch der Teig wird selbst gemacht!

Aus dem Familienalbum: mein erster Maultaschentag.

sche schneidet. Das sind die Feinheiten, die Sie hier offenbart bekommen und die Sie in die Lage versetzen, demnächst so richtig im Maultaschensmall- oder -bigtalk vom Leder ziehen zu können.

Doch vorneweg noch ein Tipp: Aufgrund des nicht ganz unerheblichen Aufwandes, den das Maultaschenmachen bedeutet, ist es erwägenswert, gleich eine erhebliche Menge zu produzieren und einzufrieren. Oma Rita beispielsweise hatte einen Maultaschentag und eine halbe Gefriertruhe, die nur für Maultaschen bestimmt war. Sicherlich halten es viele schwäbische Hausfrauen so. Sollten Sie darüber hinaus noch kleine Kinder oder Enkel haben, stellen Sie sicher, dass diese an einem solchen Tag zu Besuch sind und helfen können. Im Teig und in der Fülle zu manschen, die Maultaschen zusammenzukleben und neben dem Herd zu sitzen oder vom Arm der Eltern aus den Maultaschen beim Garen zuzusehen sind sehr schöne und sentimentale Erinnerungen, an denen sich hoffentlich auch meine Kinder später mal erfreuen werden. Und trotz der in diesem Buch versammelten sensationellen Gerichte muss ich doch zugeben, dass die noch brühend heißen Maultaschen direkt aus dem Garwasser, von denen mir meine Oma ab und zu eine zum Naschen gab, die besten Maultaschen meines Lebens waren.

DER NUDELTEIG

Der Maultaschenteig ist im Grunde ein ordinärer Nudelteig mit Eiern. Daher kann man ihn zumindest im Ländle auch bei den meisten Dorfmetzgern oder Bäckern kaufen, ein Angebot, das auch viele »echte« Schwaben nicht ausschlagen können. Noch echtere Schwaben allerdings machen auch den Teig selbst – nicht zuletzt weil es günstiger ist und es das Kind oder den Enkel freut.

Kleiner Tipp: Merken Sie sich einfach für die Kalkulation die einfache Maultaschen-Zehnerregel: 100 g Mehl und ein Ei ergeben 10 Maultaschen. Allerdings können diese Werte je nach Teigdicke und angestrebter Maultaschengröße etwas variieren.

... und noch ein Tipp: Maultaschenteig lässt sich hervorragend einfrieren. Man muss ihn in der Regel nur nach dem Auftauen nochmals mit etwas Mehl bestreuen. Sollten Sie also nicht die Zeit und Muße haben, regelmäßige Maultaschentage zu veranstalten, dann frieren Sie doch einfach kleine Mengen Teig (etwa 100 g) ein und eröffnen sich so die Möglichkeit, auch kleinere Portionen in einer angemessenen Zeitspanne produzieren zu können.

ZUTATEN (FÜR 60 MAULTASCHEN)

- 600 g Weizenmehl
- 6 Eier
- Salz
- eventuell etwas Wasser

ZUBEREITUNG

Mehl, Salz, Eier in eine Schüssel geben. Alles gut durchkneten, bei Bedarf Wasser hinzugeben. Kräftig durchkneten, bis der Teig geschmeidig ist und beim Auswellen nicht zerreißt. Meine Oma hat ihn zusätzlich aus etwa 30 bis 50 Zentimetern Höhe auf die Knetfläche *plotzen* lassen. Ehrlich gesagt weiß ich aber nicht genau, ob das zum Gelingen des Teiges beiträgt.

Den Teig plotzen zu lassen ist möglicherweise entscheidend fürs Gelingen!

PETERSILIENFÜLLE – OMA RITAS ERSTER STREICH

Das Besondere an dieser *Fülle* ist, dass sie – anders als die meisten anderen Maultaschenfüllungen – kein Brät enthält. Das macht die so gefüllten Maultaschen kräuteriger und frischer und damit ideal für Frühlings- oder Sommergerichte wie Maultaschen mit Spargel. Nachteil ist, dass die Bindung der *Fülle* allein durch Hackfleisch und Ei erreicht wird und somit nicht ganz so stark ist wie bei den Maultaschen mit Brät. Daher eignen sich die Petersilien-Maultaschen weniger gut, um aufgeschnitten angebraten zu werden.

Ein Tipp: Wegen des rohen Eis können berechtigte Skrupel bestehen, die *Fülle* im rohen Zustand abzuschmecken. Bewährt hat sich daher, eine kleine Probemaultasche fertig zu garen, bevor man in die Serienproduktion einsteigt. So hat man immer noch die Möglichkeit, die *Fülle* seinen individuellen Geschmacksvorlieben anzupassen. Zu diesem Zweck ist es außerdem ratsam, immer noch ein paar Zutaten in Reserve zu halten.

ZUTATEN (FÜR 500 G NUDELTEIG)

600 g gemischtes Hackfleisch
1 großer Bund Petersilie
1 Zwiebel
1–2 Eier
eventuell *Weckmehl*
Salz, Pfeffer, Muskat
Öl zum Braten

ZUBEREITUNG

Zwiebel und Petersilie klein schneiden und Zwiebel kurz glasig andünsten. Zwiebel und Petersilie mit dem Hackfleisch vermischen und Salz, Pfeffer und Muskat hinzugeben. Sollte sich am Boden der Schüssel Wasser bilden, etwas *Weckmehl* hinzugeben. Dann ein Ei darüberschlagen und alles gut vermengen. Wenn sich aus der *Fülle* mit einem Esslöffel zusammenhängende *Bollen* formen lassen, ist sie fertig. Sollten die *Bollen* auseinanderfallen, zur besseren Bindung noch ein zweites Ei dazugeben.

BRÄT-QUARK-FÜLLE À LA OMA MARTHA

Diese *Fülle* ist einerseits traditioneller als die anderen hier vorgestellten – enthält sie doch Brät, wie die meisten Maultaschen, denen man so begegnet. Hackfleisch sowieso. Andererseits hat auch sie einen besonderen Kniff: Durch den Quark wird die Füllung etwas lockerer. Und auch dieses ist ein Rezept, das von der Großmutter über die Mutter auf den Sohn überging – es lebe die Emanzipation!

ZUTATEN (FÜR 500 G NUDELTEIG)

- *500 g* gemischtes Hackfleisch
- *100 g* Bratwurstbrät
- *1* altes Brötchen
- *2 EL* Quark
- *2* Eier
- *1* Zwiebel
- Petersilie nach Geschmack
- Salz, Pfeffer, Majoran
- Öl zum Braten

ZUBEREITUNG

Zwiebel und Petersilie sehr klein schneiden. Zwiebel kurz glasig andünsten. Zwiebel und Petersilie mit dem Hackfleisch und dem Bratwurstbrät vermischen. Die Eier darüberschlagen, das in Wasser eingeweichte, ausgedrückte Brötchen und den Quark hinzugeben, mit Salz, Pfeffer und Majoran würzen und alles gut durchkneten. Aus der *Fülle* sollten sich mit einem Esslöffel zusammenhängende *Bollen* formen lassen.

EI-UND-SPECK-FÜLLE – OMA RITAS ZWEITER STREICH

Diese *Fülle* ist eine herzhaftere Variante der Petersilien*fülle*. Auch Oma Ritas zweite *Fülle*-Variante benötigt kein Bratwurstbrät. Durch den Speck und das hartgekochte Ei ist sie eine *Fülle* für echte Männer ... oder so.

ZUTATEN (FÜR 500 G NUDELTEIG)

550 g gemischtes Hackfleisch
1 großer Bund Petersilie
1 Zwiebel
1 hartgekochtes Ei
100 g mageren Speck
1–2 rohe Eier
eventuell *Weckmehl*
Salz, Pfeffer, Muskat, Majoran
Öl zum Braten

ZUBEREITUNG

Zwiebel, Petersilie, Speck und das hartgekochte Ei klein schneiden. Zwiebel kurz glasig andünsten. Die kleingeschnittenen Zutaten mit dem Hackfleisch vermischen und die Gewürze hinzugeben. Dann ein rohes Ei darüberschlagen und alles gut vermengen. Wenn die *Fülle* sich mit einem Esslöffel in zusammenhängende *Bollen* formen lässt, ist sie fertig. Sollten die *Bollen* auseinanderfallen, zur besseren Bindung *Weckmehl* oder das zweite Ei dazugeben.

VEGETARISCHE FÜLLE MIT SOJA

Soja war und ist in der Fastenzeit nicht verboten. Unsere lieben Maultaschenerfindermönche hätten also keinen Grund gehabt, es in Nudelteig zu verstecken. Diese *Fülle* ist also beim besten Willen nicht traditionell – aber dennoch lecker. Im Wesentlichen basiert sie auf Oma Ritas Petersilienfüllung mit Sojagranulat als Fleischersatz. Allerdings wird ein Teil der Petersilie durch Spinat ersetzt, da die Petersilie sonst zu dominant im Geschmack wird.

ZUTATEN (FÜR 500 G NUDELTEIG)

150 g	(Bio-)Sojatrockengranulat
¾ l	Gemüsebrühe
50 g	Räuchertofu
1	Zwiebel
½	großer Bund Petersilie
100 g	frischer Blattspinat
1–2	Eier
	Salz, Pfeffer, Muskat, Majoran
	Öl zum Braten

ZUBEREITUNG

Sojagranulat in der Gemüsebrühe für etwa 10 Minuten einweichen. Danach Granulat ausdrücken und überflüssige Brühe entfernen. Petersilie und Blattspinat waschen und kleinschneiden, eventuell sogar hacken. Auch die Zwiebel und den Räuchertofu sehr klein schneiden. Die Zwiebeln anbraten, bis sie gut gebräunt sind. Die Bräunung ist wichtig, um dem Ganzen einen etwas kräftigeren Geschmack zu verleihen. Alles vermischen und mit den Gewürzen nach Gusto abschmecken. Dann noch ein Ei darüberschlagen und alles gut vermengen. Wenn die *Fülle* sich mit einem Esslöffel in zusammenhängende *Bollen* formen lässt, ist sie fertig. Sollten die *Bollen* auseinanderfallen, zur besseren Bindung noch das zweite Ei dazugeben.

VEGETARISCHE FÜLLE MIT LAUGENBREZEL, SPINAT UND FRISCHKÄSE

Kennen Sie Brezelknödel? Und wissen Sie, wie lecker die sind, wenn man sie mit ordentlich vielen Kräutern macht? Wir haben diese Masse noch mit grobem Frischkäse und Feta verfeinert. Eine super *Fülle* für Maultaschen.

ZUTATEN (FÜR 500 G NUDELTEIG)

2	altbackene Laugenbrezeln
100 g	Feta
2	gehäufte EL körniger Frischkäse
½	Bund Petersilie
100 g	frischer Blattspinat
1	Zwiebel
1–2	Eier
	Salz, Pfeffer, Muskat, Majoran
	Öl zum Braten

ZUBEREITUNG

1 ½ Brezeln in kleine Stücke schneiden – am besten in Stücke von maximal ½ Zentimeter. Die restliche halbe Brezel zu *Weckmehl* verarbeiten. Petersilie und Blattspinat waschen und kleinhacken. Die Zwiebel kleinschneiden und glasig anschwitzen. Den Feta mit der Hand kleinkrümeln.

Alle Zutaten vermischen und mit den Gewürzen abschmecken. Dann noch ein Ei darüberschlagen und gut vermengen.

Wenn die *Fülle* sich mit einem Esslöffel in zusammenhängende *Bollen* formen lässt, ist sie fertig für die Weiterverarbeitung. Sollten die *Bollen* auseinanderfallen, zur besseren Bindung noch das zweite Ei dazugeben.

DIE MAULTASCHENWERDUNG – FALTEN UND WICKELN

Nun müssen Teig und *Fülle* nur noch zusammenfinden. Allerdings ist das »nur noch« nicht so einfach, gilt es doch hier eine vielfach disputierte Grundfrage der Maultaschenküche zu klären: falten oder wickeln. Beides findet man einer persönlichen Schätzung nach im Ländle etwa gleich häufig.

Die ersten Schritte beider Techniken sind dabei identisch: Der Teig wird in Bahnen ausgewellt, die etwa 15 Zentimeter breit sein sollten und so dünn, dass man die berühmte Zeitung durch den Teig lesen kann. Natürlich kann man auch einen »Fladen« auswellen und aus diesem etwa 15 Zentimeter breite Bahnen herausschneiden. Diese Bahnen werden nun im Abstand von ca. 7 bis 8 Zentimetern – also halb so lang wie die Breite – durchtrennt, sodass sich Rechtecke von etwa 7,5 auf 15 Zentimeter ergeben. Wer eine Nudelmaschine besitzt, kann den Teig mit dieser in die gewünschte Form bringen.

Auf diesen Rechtecken werden nun Esslöffelportionen der *Fülle* aufgebracht. Einen Rand von etwa 1 Zentimeter frei lassen. Diese *fülle*freien Ränder werden nun mit *verglöbbertem* Ei bestrichen. Jetzt müssen Sie sich entscheiden, ob Sie die Maultaschen wickeln oder falten wollen.

FALTEN

Zum Falten wird einfach die obere Teighälfte über die Hälfte mit der *Fülle* geklappt und die Ränder entweder mit den Fingern festgedrückt und eingeschlagen oder mit einer Gabel zusammengedrückt. Der überstehende Rand wird bis auf etwa einen halben Zentimeter abgeschnitten.

WICKELN

Für das Wickeln wird die obere Teighälfte nur so weit über die *Fülle* gezogen, bis sie diese etwa zur Hälfte bedeckt. Die Seitenränder werden etwas festgedrückt. Dann wird das Ganze noch einmal eingeschlagen, sodass eine Rolle entsteht. Dabei sollte man aufpassen, dass man die *Fülle* nicht über den unteren, teigfreien Rand drückt, da dieser sonst nicht gut verklebt und beim Kochen hier Wasser eintreten könnte.

GEFALTET ODER GEWICKELT?

Jetzt können Sie also wickeln und falten. Doch was ist eigentlich besser? Tja, schwierig, schwierig. Diese sicherlich häufig debattierte Grundfrage der Maultaschenküche bedarf einer weiteren Erörterung.

Wenn es nach meinen Eltern geht, ist die Antwort auf diese Frage sehr einfach und schnell gegeben: »Ha, gwickelt isch nadierlich besser, na send se kerniger.«

Kerniger bedeutet fester, und das ist in der Tat richtig, schließlich befindet sich bei ihnen auch Teig im Inneren. Aber ob sie das auto-

Der Teig muss dünn ausgewellt werden.

matisch besser macht? Vor allem in Anbetracht der hier vorgestellten Rezeptvielfalt entwickelte sich im Entstehungsprozess dieses Büchleins die Überzeugung, dass die Realität zu komplex ist, um sich klar auf eine Seite schlagen zu können. Vielmehr hängt das vom konkreten Rezept ab. So ist bei Gerichten mit vielen besonders herzhaften oder fettigen Zutaten wie zum Beispiel bei der Maultaschenlasagne durchaus die gewickelte Variante zu bevorzugen. Wenn die Maultasche aber der fleischige Hauptbestandteil des Gerichtes ist, dann kann die gefaltete Variante durchaus überlegen sein. Denn die mit Brät gefüllte und gefaltete Maultasche hat einen Geschmack, der etwas ins Fleischbällchenartige geht, was sich wiederum hervorragend in einer schlichten Brühe macht.

Unser Fazit: Es ist nicht egal, ob gefaltet oder gewickelt, und keine der beiden Methoden ist immer zu bevorzugen. Vielmehr macht die Art der Herstellung manchmal genau das Quäntchen aus, das aus einem sehr guten Maultaschengericht ein perfektes macht. Die Devise heißt also: ausprobieren und die Praxis dem persönlichen Geschmack anpassen.

GAREN

Ob gewickelt oder gefaltet, beide Arten von Maultaschen werden nach der Herstellung für etwa 10 Minuten in nur leicht kochendem, etwas gesalzenem Wasser gegart. Danach sind sie fertig für die weitere Verarbeitung.

Maultaschen falten: Fülle platzieren, umschlagen, festdrücken …

… und bei Bedarf den Überstand abschneiden.

Maultaschen wickeln ist dagegen etwas komplizierter.

So langsam steigt die Vorfreude.

GANZ, IN STREIFEN, IN STÜCKEN ODER QUER?

Nachdem unsere Maultaschen nun gegart sind und auskühlen, harren sie der Weiterverarbeitung. Diese beginnt oft damit, die mühevoll zusammengefügten Maultaschen wieder zu zerstören, sprich: zu zerschneiden. Man kann sie natürlich auch im Ganzen anbraten oder in die Brühe legen. Aber ähnlich wie bei der Entscheidung zwischen wickeln und falten kann der richtige Schnitt je nach Gericht einen kleinen, aber feinen – den Kenner offenbarenden – Unterschied machen.

Das aufmerksame Lesen der Überschrift hat Ihnen die Maultaschen-Schnitttechniken verraten: in Streifen, *Stückle* oder quer. Doch wie sind sie einzuordnen, wann anzuwenden? *Stückle* und quer sind eher neumodisch – und quer ist unseres Wissens eigentlich nur in diesem Buch zu finden. Dies wiederum ist ein besonderer Missstand, wie die leckeren Rezepte mit diesem Schnitt zeigen, zum Beispiel der Maultaschenburger und das Maultaschenbifteki. Die *Stückle* haben sich unserer Erfahrung nach vor allem bei Auflaufgerichten bewährt. Durch das Aufschneiden haben die Maultaschen mehr Kontakt zu den anderen Auflaufzutaten und tauschen mit diesen Aromen aus, sodass das Gericht homogener wird. Gleichzeitig haben sie aber genug Volumen, um in der Auflaufflüssigkeit nicht komplett durchzuweichen, wie das bei dünnen Streifen passieren kann.

Traditionell werden ganze Maultaschen oder in Streifen geschnittene verwendet. Ganze Maultaschen finden sich normalerweise in der Brühe, würden sie doch sonst beim Garen auseinanderfallen. Allerdings werden sie manchmal auch im Restaurant zur Präsentation auf dem Teller aufgeschnitten. Für *geschmälzte* Maultaschen kommen in Streifen geschnittene oder ganze Maultaschen zum Einsatz – wobei Letzteres Maultaschenpuristen ablehnen. In Streifen geschnittene Maultaschen werden knuspriger – gerade auch an den Fleischseiten – und verbinden sich mehr mit den umgebenden Substanzen. Das kann ein Vorteil sein, wie zum Beispiel bei *geschmälzten* Maultaschen mit Ei, wenn sich Maultaschenstreifen und Eimasse schön zu einer Einheit zusammenfügen.

Ganz schön schnittig und keinesfalls beliebig: Schnittarten der Maultasche.

MAULTASCHENZUBEREITUNG TRADITIONELL

Eigentlich kennen die Baden-Württemberger nur zwei traditionelle Zubereitungsarten bei Maultaschen: *geschmälzt* und in der Brühe. Allerdings gibt es bei den *geschmälzten* mehrere Varianten, die als mehr oder minder traditionell gelten.

Über jeden Zweifel erhaben sind *geschmälzte* Maultaschen mit Ei und *geschmälzte* Maultaschen mit Zwiebeln – mehr Maultaschentradition geht nicht. Strittiger bezüglich des Klassikerstatus sind dagegen *geschmälzte* Maultaschen mit Käse. Es gibt viele Schwaben, die diese Zubereitungsart nicht als traditionell ansehen. Da es Maultaschen mit Käse bei uns zu Hause aber »schon immer« gab, ist dieses Rezept für uns definitiv ein Klassiker – wenn auch jünger als die anderen beiden.

Ganz anders ist die Sache bei *geschmälzten* Maultaschen mit in Butter geröstetem Weckmehl. Dieses Gericht war uns gänzlich unbekannt, bis sich im Entstehungsprozess dieses Büchleins herausstellte, dass es ebenfalls zu den Maultaschenklassikern gehört. Da es uns dann aber doch nicht (mehr) verbreitet genug erschien, entschieden wir uns gegen eine Aufnahme in unsere »Klassiker«.

Ob mehr oder minder traditionell, der Schnitt der Maultaschen ist relevant. Bei den Ei-Maultaschen sind Streifen ein Muss. Denn so verbinden sich die Maultaschen besser mit dem darübergeschlagenen Ei und das Ei rinnt nicht einfach über die Maultaschenoberfläche, was in Maultaschen in Rührei resultieren würde.

Geschmälzte Maultaschen, a subbr Sach!

Bei *geschmälzten* Maultaschen mit Zwiebeln hingegen hängt der Schnitt von der Kochvariante und dem eigenen Geschmack ab: Wenn die Zwiebeln mit Weißwein abgelöscht werden, entsteht eine Sauce, in der sich ganze Maultaschen gut machen. In Streifen geschnittene Maultaschen dagegen saugen Flüssigkeit auf. Entscheiden Sie selbst, was Ihnen lieber ist!

Bei den Maultaschen mit Käse schließlich ist schnitttechnisch alles erlaubt, wobei das Anbraten ganzer Maultaschen mit einer darübergelegten Scheibe oder mehreren Würfeln Käse, diesmal wirklich zum Schmelzen, doch schon sehr in Richtung Fastfood geht. Doch, ja, ich gestehe: Es gab Zeiten, zu denen genau dies – und noch dazu mit Ketchup – eines meiner Leibgerichte war. Die nächste Evolutionsstufe dieses Gerichts ist übrigens der Maultaschenburger (siehe S. 88).

GESCHMÄLZTE MAULTASCHEN MIT EI

Anbraten und dann ein Ei darüberschlagen ist ein sehr bewährtes Mittel der Resteverwertungsküche. Ja, im Grunde wird jede Restepfanne, die alles beinhalten kann, was eben zum Zeitpunkt des Kochens wegmuss, erst dann richtig stilecht, wenn man auch ein paar Eier zum Darüberschlagen übrig hat. Natürlich kann das aber nicht der Ursprung der *geschmälzten* Maultaschen mit Ei sein. Denn wenn eines sicher ist, dann dass sich über die Zweitverwertung von Maultaschen noch nie ein schwäbischer Geist Gedanken machen musste. Bei Maultaschen bleibt nämlich nie etwas übrig.

Nach Studenten- und Männer-WG-Jahren scheint uns eine andere Erklärung naheliegender: Vermutlich hat sich dieses Gericht in einer – Gott sei Dank vergangenen – Zeit in der schwäbischen Küche verankert, als Männer noch nicht kochen konnten und oft auch nicht durften. Denn die Maultaschen mit Ei sind so schmackhaft und kinderleicht zuzubereiten, dass das auch dem unbegabtesten oder ungeübtesten Koch gelingt. Damit dürften Maultaschen mit Ei eines der wenigen warmen Gerichte gewesen sein, die die männlichen Schwaben zu jeder Zeit selbst zubereiten konnten. Und so half dieses Gericht über Generationen hinweg, schwäbischen Junggesellen das Überleben und die Wohlstandsbäuche zu sichern.

ZUTATEN (FÜR 2 PERSONEN)

6 Maultaschen
3 große Eier
Salz, Pfeffer, Muskat, Paprika
Petersilie und Schnittlauch als Garnitur
Öl zum Braten

ZUBEREITUNG

Die Maultaschen in Streifen schneiden und je nach gewünschtem Bräunungsgrad anbraten. Die Eier mit den Gewürzen *verglàbbern*, kurz vor Ende der Bratzeit über die Maultaschen geben und stocken lassen. Mit den Kräutern garniert servieren.

Dazu passt schwäbischer Kartoffelsalat mit Essig, Öl, Brühe und Senf.

GESCHMÄLZTE MAULTASCHEN MIT ZWIEBELN

Die gemeine Zwiebel, auch Speisezwiebel, Küchenzwiebel, Gartenzwiebel, Sommerzwiebel oder Hauszwiebel genannt, ist gleichzeitig anrüchig und unverzichtbar – zumindest für die schwäbische Küche. Was wären zum Beispiel schwäbischer Wurstsalat (der mit Blut- und Fleischwurst) oder Kartoffelsalat (der mit Brühe, Essig, Öl und Senf) ohne ein paar rohe Zwiebeln? Was wären Kässpätzle ohne schön braun angebratene Zwiebelchen? Was wäre ein Herbst ohne Zwiebelkuchen mit Federweißem? Und was wäre Schwaben ohne den Zwiebelrostbraten? Vor diesem Hintergrund wirken Maultaschen mit Zwiebeln wie eine natürliche Kombination, um ein identitätsstiftendes Gericht Schwabens zu bilden. Und nebenbei ist es auch noch unglaublich lecker!

ZUTATEN (FÜR 2 PERSONEN)

6 Maultaschen
2 große Zwiebeln
Salz, Pfeffer
Öl zum Braten

ZUBEREITUNG

Die in Streifen geschnittenen Maultaschen *schmälzen*, bis sie goldbraun sind. Dann werden sie zur Seite gelegt. Danach im Maultaschenfett die Zwiebeln *schmälzen*, bis sie ordentlich Farbe haben. Die Maultaschen nochmals erwärmen. Alles auf einem Teller nach Belieben anrichten.

Dazu passt ein guter schwäbischer Kartoffelsalat mit Essig, Öl, Brühe und Senf.

Variante: Besonders schmackhaft wird das Gericht, wenn man die Zwiebeln nach dem *Schmälzen* mit 200 Milliliter Weißwein ablöscht, einen Brühwürfel hinzugibt, etwas köcheln lässt, bis die Sauce sämig wird, und zum Schluss das Ganze mit Salz, Pfeffer, Muskat und Paprika abschmeckt. Darin die *geschmälzten* Maultaschen kurz ziehen lassen. Anrichten und mit Petersilie und Schnittlauch garnieren.

GESCHMÄLZTE MAULTASCHEN MIT KÄSE

Zwiebelrostbraten, Maultaschen und Kässpätzle könnte man als »die großen Drei« der schwäbischen Hauptgerichte bezeichnen. Was unserer Meinung nach die Maultaschen überlegen macht, ist, dass man sie mit den entscheidenden Geschmacksträgern der anderen beiden Köstlichkeiten kombinieren kann. Das Rezept für *geschmälzte* Maultaschen mit Zwiebeln ist ebenfalls in diesem Buch zu finden. *Geschmälzte* Maultaschen mit Käse sind aber auch nicht zu verachten. Im Gegenteil, auch wenn sie das jüngste der klassischen Gerichte sind, so sind sie gleichzeitig das variabelste und lassen am meisten Raum für individuelle Kreativität. Schließlich könnte man die gesamte Käsetheke an den Maultaschen durchprobieren. Am traditionellsten ist das Gericht mit Käse unserer Meinung nach mit einem würzigen, schon etwas gereiften Käse. Zum Beispiel einem Allgäuer Bergkäse oder einem Schweizer Gruyère. Aber probieren Sie doch auch einmal einen Camembert, einen Gorgonzola oder einen Kräutergouda, um Ihre Maultaschen zu überbacken! Sie werden überrascht sein!

ZUTATEN (FÜR 2 PERSONEN)

6 Maultaschen
200 g Allgäuer Bergkäse am Stück
1 Zwiebel
Salz, Pfeffer, Muskat, Paprika
Petersilie und Schnittlauch als Garnitur
Öl zum Braten

ZUBEREITUNG

Den Käse in Würfel von 1 bis 2 Zentimetern Größe schneiden. Die Maultaschen in Streifen *schmälzen*. Etwa zwei Minuten vor Ende des *Schmälzens* die kleingeschnittene Zwiebel hinzugeben. Kurz vor Ende der Bratzeit den Käse über die Maultaschen verteilen. Die Pfanne bedecken und den Käse anschmelzen lassen. Nach Geschmack würzen und mit Kräutern garniert servieren.

Variante: Man kann auch ganze Maultaschen anbraten, dann müssen die Käsestücke auf den Maultaschen liegen.

MAULTASCHEN IN DER BRÜHE

Neben den *geschmälzten* Maultaschen sind Maultaschen in der Brühe das weitere Traditionsgericht. Es fehlt auf keiner Vorspeisenkarte eines gutbürgerlichen schwäbischen Restaurants und fällt eindeutig in die Rubrik einfach und gut.

Natürlich kann man für die Brühe Knochen auskochen. Das ist natürlich äußerst lecker und sehr zu empfehlen. Leider ist es auch recht aufwendig. Für uns hat sich ein Mittelweg als Königsweg herausgestellt. Dabei wird einerseits auf Gemüsebrühe aus der Packung zurückgegriffen, andererseits wird das Ganze noch etwas verfeinert.

ZUTATEN (FÜR 2 PERSONEN)

- 6 Maultaschen
- ¾ l Gemüsebrühe
- Suppengrün (Karotten, Sellerie, Lauch, Petersilie) oder anderes Gemüse nach Wahl

ZUBEREITUNG

Dieses Gericht ist fast selbsterklärend. Zu beachten ist lediglich, dass die ganzen (!) Maultaschen höchstens 10 Minuten in der Brühe ziehen sollen, auf keinen Fall sollen sie kochen. Daher sollte das in Stücke geschnittene Gemüse je nach gewünschtem Knackigkeitsgrad und je nach Garzeit der einzelnen Gemüse vorher in der Brühe gegart werden.

Als Beilage empfiehlt sich wie auch zu allen Gerichten mit *geschmälzten* Maultaschen ein guter schwäbischer Kartoffelsalat mit Essig, Öl, Brühe und Senf.

IN DER BRÜHE ODER GESCHMÄLZT?

Jetzt, da Sie die traditionellen Gerichte kennen, liegt die Frage nahe, was denn nun besser ist: Maultaschen in der Brühe oder *geschmälzt?* Das ist sicherlich die Mutter aller Maultaschendiskussionen und beschäftigt einen Schwaben im Laufe seines Lebens nicht nur einmal. In meiner frühen Kindheit beispielsweise waren Maultaschen in der Brühe mein klarer Favorit, auch weil man den selbstgemachten schwäbischen Kartoffelsalat mit in die Brühe legen kann und diese Kombination sehr lecker ist – übrigens auch eine Eigenschaft, die den schwäbischen Kartoffelsalat dem norddeutschen mit Mayonnaise überlegen macht. Später durften meine Maultaschen dann nur noch mit Zwiebeln oder Käse *geschmälzt* sein. Einmal habe ich meine Mutter so lange genervt, bis sie Maultaschen aus der Brühe nahm und extra für mich *schmälzte*. Die nächste Phase war die der Maultaschenexperimente. Doch auch die so entwickelten neuen Rezepte und Möglichkeiten der Maultaschenzubereitung bedeuten für uns keinesfalls, dass die Frage, ob in der Brühe oder *geschmälzt*, nicht noch gelegentlich zur Diskussion steht. Lediglich die Radikalität der jeweils vertretenen Meinungen hat etwas nachgelassen. Ob aus Altersmilde oder wegen der neuen Vielfalt, jedenfalls stehen wir heute auf dem Standpunkt, dass beides köstlich ist, wobei das Pendel manchmal mehr zum einen, manchmal mehr zum anderen hin ausschlägt, je nach Tagesform und augenblicklichem Bedürfnis.

MAULTASCHEN KALT VERZEHREN?

Zu guter Letzt ist es uns noch ein Anliegen, eine Verzehrart zu würdigen, die Sie bisher sicherlich in noch keinem schwäbischen Kochbuch gefunden haben, die aber nichtsdestotrotz ihren festen Platz in der Mitte der Maultaschengerichte hat: das Essen kalter Maultaschen.

Dabei ist gar nicht sicher, ob man das als eigenständiges Gericht bezeichnen kann. In der Regel werden Maultaschen gegart oder *geschmälzt*, also heiß gegessen. Dennoch kommt es immer wieder zu Situationen, in denen ein kalter Verzehr naheliegt – und dazu muss es nicht einmal zur nächsten Ölkrise kommen oder zu den vielbeschwo-

Geschmälzt oder in der Brühe – Vorlieben entwickeln und ändern sich.

Wenn's pressiert, sind Maultaschen auch kalt genießbar.

renen Blackouts wegen der Energiewende. Solche Situationen umfassen beispielsweise das Kochen unter größtem Hunger, beim nächtlichen Heimkommen nach einer Party oder nach dem morgendlichen Aufstehen und natürlich den unwiderstehlichen Impuls, sich beim Kochen ein kleines Stückchen der zum *Schmälzen* geschnittenen Streifen oder *Stückle* in den Mund zu schieben.

Dabei ist zu beachten, dass wir hier nicht davon reden, Stücke rohen Bräts, Hackfleischs und rohen Eis, umwickelt von ungegartem Nudelteig zu essen! Es geht darum, ob Maultaschen frisch aus der Packung oder selbstgemachte direkt nach dem Auftauen ohne weiteres Erwärmen zum Verzehr geeignet sind.

Das ist nun eine Diskussion, die ich schon sehr, sehr, sehr oft geführt habe, und immer habe ich diese Sätze gesagt: »Also, bei uns im Nachbarort gab's eine Maultaschenfabrik und in der Grundschule waren wir da und haben die Maultaschen direkt vor dem Vakuumieren dampfgegart zum Probieren bekommen. Das ist dann ja genau die gleiche Qualität wie direkt nach dem Öffnen der Verpackung, und uns Zweit- oder Drittklässlern ist nix passiert – das kann also nicht so schlimm sein.« Und in der Annahme, dass es in anderen Maultaschenfabriken genauso abläuft wie in der ehemaligen Nudelfabrik Knapp in Tischardt, kommen wir zu dem Schluss: »Maultaschen kalt – wenn's pressiert, *a subbr Sach!*«

Wobei wir klarstellen wollen, dass wir keine Haftung für etwaige aus diesem Verhalten resultierende Schäden übernehmen können.

MAUL-TASCHEN-VARIATIONEN

MAULTASCHEN GUT UND BESSER BÜRGERLICH

MAULTASCHENAUFLAUF »TRADITIONELL«

Mein Vater war Landschaftsgärtner und arbeitete oft auch samstags. Da ich demzufolge der Sohn eines Landschaftsgärtners bin, konnte ich mir während der Schulzeit und des Studiums ein Zubrot verdienen, indem ich ihm am Wochenende zur Hand ging. Hiervon machte ich – nicht ganz uneigennützig – regen Gebrauch. Ein kleiner Haken war allerdings, dass diese Samstage nicht selten nach einer sehr kurzen Nacht begannen, fand doch damals freitagabends die Schwofparty in einem der damals angesagtesten Clubs in Nürtingen statt. Wobei man trotz einer gesunden Portion Lokalpatriotismus zugeben muss, dass es damals nicht viele angesagte Clubs oder Clubs überhaupt in Nürtingen gab.

Es war also nach einer solchen kurzen Nacht, als wir uns zu einer Baustelle auf den Fildern aufmachten. Die Hinfahrt war grausam: Mein Vater ist ein Morgenmensch und ich bin, besonders nach kurzen Nächten, das Gegenteil. Dies bedeutete viele Scherze auf meine Kosten, und das nicht mal unverdient.

Wir arbeiteten den ganzen Vormittag hart, eine Terrasse musste verlegt werden. Da wir an diesen Samstagen bei Privatpersonen tätig waren, wurden wir dankenswerterweise oft bewirtet und bei einem selbstgekochten Mittagessen in die Familie integriert.

Die Vorfreude auf das Mittagessen brachte uns wie so oft auch dieses Mal dazu, zu spekulieren, was die Frau des Hauses – trotz Emanzipation kann ich mich nicht erinnern, dass wir auch nur ein einziges Mal von einem Mann bekocht wurden – wohl zubereiten würde.

Ich brannte auf etwas Fettiges, ich gebe es zu. Fantasien von Spätzle mit Rostbraten oder Wiener Schnitzel mit Pommes und Bratensauce, wie sie die Kanadier gerne essen, machten mir das Arbeiten leichter, aber steckten die Erwartungen an das Mittagessen sehr hoch. Wir hatten kulinarisch schon viel erlebt, absolute Höhepunkte in Menge und Qualität und Tiefpunkte, bei denen ebendies nicht gegeben war, was aber auf Grund der Kochkünste schwäbischer Hausfrauen selten passierte.

Was dann kam, beeindruckte uns beide überaus positiv: Maultaschenauflauf nach Art des Hauses!

Dieses Rezept ist genau das Richtige, wenn man einen harten Arbeitstag hinter sich hat. Die Betonung liegt hier eindeutig auf dem »hinter sich«. Wir jedenfalls mussten wegen der sehr gehaltvollen Speise unsere Mittagspause dementsprechend ausdehnen, was wir jedoch gerne in Kauf nahmen.

ZUTATEN (FÜR 2 PERSONEN)

10 Maultaschen
200 g Speck
2 Stangen Lauch
200 ml Sahne
2 Eier
Geriebener Käse nach Geschmack
Salz, Pfeffer, Muskat, Paprika edelsüß, etwas Zucker, Rosmarin

ZUBEREITUNG

Die Maultaschen würfeln und in eine Auflaufform geben. Den Speck auslassen. Nach einer Weile den klein geschnittenen Lauch hinzugeben und eine Weile mitschwitzen lassen. Das Ganze dann vom Herd nehmen und zusammen mit der Sahne, die mit den Gewürzen versetzt und den Eiern vermengt wurde – Obacht beim Salzen, der Speck ist meist schon sehr salzig! – in die Auflaufform geben. Den Auflauf bei 180 °C insgesamt etwa 20 Minuten backen. Nach 10 Minuten den Käse darüberstreuen und fertigbacken.

Dazu passen grüner Salat und ein Verdauungsschnaps.

MAULTASCHEN MIT WEISSEM SPARGEL

Mythen existieren, um berichtigt zu werden. Auch der Mythos um die beste Spargelregion Deutschlands macht da keine Ausnahme. Meiner Erfahrung nach ist überall in Deutschland der nächste Spargelhof mit den für Spargel aller-, aller-, allerbesten Böden nicht weit. Ob in Schwaben, Baden, München, Niedersachsen und sogar Holstein, überall das gleiche Spiel. Positiv formuliert könnte man Spargel auch als gesamtdeutsches Gemüse bezeichnen.

Doch während der Anbau und Verzehr von Spargel bundesweit stattfindet, gibt es bei den Beilagen entscheidende regionale Unterschiede. Es ist verwunderlich, wie viel Kopfschütteln man provozieren kann, wenn man als Zugereister bei einem klassischen Holsteiner Spargelgericht die nicht minder klassischen Variationen aus seiner Heimatregion zum Besten gibt: »Waaaas?! Keine Kartoffeln?!«

Der Holsteiner ist der Purist unter den Spargelessern. Als Sättigungsbeilage müssen es immer Salzkartoffeln sein. Besonders beliebt sind die – ob der unglaublichen Schläue der Holsteiner Bauern – zahlreich vorhandenen kleinen Kartoffeln. Und nebenbei bemerkt ist dieses Vorgehen fast schwäbisch-sparsam. Denn so können die vom winterlichen Grünkohlessen übriggebliebenen kleinen Kartoffeln gleich von dem einen in das nächste Traditionsgericht wandern. Als Fleischbeilage ist einzig und allein der Holsteiner Katenschinken akzeptabel. Dieser ist sehr herzhaft und geräuchert. Da gibt es keine Diskussion.

Der Schwabe hingegen ist da anders gestrickt. Hier dominiert eindeutig der Kochschinken und schwupps haben wir einen neuen kulinarischen Nord-Süd-Gegensatz entdeckt. Neben der bekannten »Kartoffelsalat-mit-Mayo-oder-Brühe«-Frage ist die Frage nach Spargel mit Rauch- oder Kochschinken zwar weniger bekannt, aber sicherlich nicht weniger kontrovers diskutiert.

Der Badener wiederum isst beides – also gekochten und geräucherten Schinken. So würde ich das auch halten, wenn direkt in meiner Reichweite der herrliche Schwarzwaldschinken geräuchert würde. Auch bei den Sättigungsbeilagen sind die Badener tolerant. Statt Kartoffeln findet man hier auch gerne Pfannkuchenvariationen wie zum Beispiel die *Kratzete* – ein dem bayerischen Kaiserschmarrn nicht unähnlicher zerrupfter Pfannkuchen. In Schwaben wird daraus manchmal ein (Kräuter-)*Flädle*. Was wir allerdings noch nirgends gesehen haben – und in Anbetracht des wirklich köstlichen Ergebnisses ist das doch sehr verwunderlich –, ist die Maultasche als Spargelbeilage.

Im Wesentlichen besteht dieses Gericht aus der Aufforderung: »Machen Sie doch einfach mal Maultaschen zum Spargel.« Was wir Ihnen jedoch ans Herz legen wollen, ist die *geschmälzte* Variante. Sollten Sie darüber hinaus selbstgemachte Maultaschen servieren, ist auf jeden Fall die Petersilien*fülle* (siehe S. 27) die erste Wahl: Das Kräuter-Sommerliche passt einfach hervorragend zu Spargel.

Dieses einfache und doch so gute Gericht hätte jedoch fast die Aufnahme in dieses Kochbuch nicht geschafft, und zwar wegen der Sauce hollandaise. Tütensaucen sind ja allgemein verpönt und dennoch müssen wir hier zugeben, noch nie eine Sauce hollandaise selbst gemacht zu haben. Einmal waren wir Zeugen eines Versuchs, der unrühmlich in Rührei endete. Wir müssen also die wirklich ambitionierten Hobbyköche bezüglich eines Rezeptes für Sauce hollandaise auf Internet und einschlägige Kochbücher verweisen. Wer allerdings zur Tüte greift, dem können wir noch nahelegen, die Sauce etwas zu verdünnen und mit einem Stabmixer schaumig zu schlagen. Auch ein paar Kräuter und Muskat machen sich hervorragend darin.

ZUTATEN (FÜR 2 PERSONEN)

6	Maultaschen
500 g	weißer Spargel
400 ml	Sauce hollandaise
100 g	gekochter Schinken in Scheiben
100 g	geräucherter Schinken in Scheiben
	Salz, Pfeffer, Muskat, ein kleiner Bund frische Petersilie

ZUBEREITUNG

Petersilie hacken. Weißen Spargel schälen, in gesalzenes, kochendes Wasser geben und etwa 10 bis 15 Minuten garen. Währenddessen Maultaschen *schmälzen* und gleichzeitig die Sauce hollandaise erwärmen. Diese mit einem Hauch Muskat, Pfeffer und der Hälfte der Petersilie abschmecken. Wenn alles fertig ist, Maultaschen in Streifen schneiden, mit Schinken, Spargel und Sauce hollandaise anrichten und den Rest der Petersilie darüberstreuen.

MAULTASCHEN IN GRÜNER-SPARGEL-SEKT-LIMETTEN-SAUCE

Auch wenn das klassische Spargelgericht mit Sauce hollandaise durch Maultaschen eine erhebliche Aufwertung erfährt, muss doch auch der größte Spargelfreund zugeben, dass die Spargelzeit zu lange dauert, um auch kurz vor Johanni Spargel und Sauce hollandaise noch mit der gleichen Begeisterung zu genießen wie im April. Abhilfe schafft da etwas Abwechslung in den Spargelgerichten. Unser absoluter Favorit für eine abwechslungsreiche Spargelzeit sind daher Maultaschen in eleganter Grüner-Spargel-Sekt-Limetten-Sauce. Dieses Gericht kann auch mit weißem Spargel zubereitet werden. Der weiße muss allerdings geschält werden, außerdem muss man die unterschiedlichen Garzeiten der beiden Sorten beachten.

ZUTATEN (FÜR 2 PERSONEN)

6	Maultaschen
500 g	grüner Spargel
1	Piccolo-Sekt
1	Zwiebel
1	Limette
100 ml	Sahne
200 ml	Spargelsud
1 TL	Zucker
2 EL	Butter
	Salz, Pfeffer, Muskat, Petersilie

ZUBEREITUNG

Zunächst holzige Enden des Spargels abschneiden und die Stangen in circa 3 Zentimeter lange Stücke schneiden. Diese in einem Topf mit Wasser, Zucker, 1 EL Butter, Salz und Pfeffer gar kochen. Das Wasser sollte dabei den Spargel nur knapp bedecken. Den Sud auffangen!

Während der Spargel gart, die Zwiebel in kleine Würfel schneiden und in 1 EL Butter glasig dünsten. Mit der ganzen Piccoloflasche Sekt ablöschen und aufkochen lassen. Zehn Minuten köcheln lassen, dann das Ganze mit 200 ml Spargelsud aufgießen. Nochmal aufkochen und Sahne hinzufügen. Mit Salz, Pfeffer, Limettensaft und Muskat abschmecken. Wer Saucen dickflüssig mag, kann sie mit Speisestärke andicken.

Maultaschen in Streifen schneiden und kross braten. Mit der Spargelsauce anrichten, mit Spargelstücken dekorieren, mit Petersilie bestreuen und servieren.

MAULTASCHEN »JUHULIAN«

Hinter diesem Namen verstecken sich Maultaschen mit Champignon-Feldsalat und Honig-Rosmarin-Senf-Dressing. Dieses Rezept könnte eigentlich auch eine »traditionelle« Zubereitungsart für Maultaschen sein, und sicherlich gibt es viele Schwaben, die ausgesprochen gerne Feldsalat zu *geschmälzten* Maultaschen essen. Vermutlich gibt es auch einige, die angebratene Champignons und Speck dazu ausprobiert haben. All diejenigen, denen diese Kombination vertraut ist, laden wie hiermit herzlich ein, das wunderbar passende Honig-Rosmarin-Senf-Dressing auszuprobieren. Allen anderen empfehlen wir dringend, das gesamte Rezept nachzukochen und sich daran zu erfreuen, sei es als Vorspeise, Hauptgericht oder als Salatbeilage zu anderen Maultaschengerichten.

Das Honig-Rosmarin-Senf-Dressing wurde übrigens vom Namensgeber dieses Gerichts inspiriert. Julian – gerne auch Juhulian genannt –, der aus dem Hamburger Umland (Uetersen) zum Zwecke des Jurastudiums – Juhurastudiums – zu den Lustnau-WGs stieß, weihte uns seinerzeit in die hohe Kunst dieses Dressings ein.

ZUTATEN (FÜR 2 PERSONEN)

- *6* Maultaschen
- *100 g* Speckwürfel
- *1* Zwiebel
- *400 g* Champignons
- *200 g* Feldsalat
- *50 ml* Olivenöl
- *2 EL* mittelscharfer Senf
- *2 EL* heller Blütenhonig, z. B. Rapshonig
- *1* frischer Zweig Rosmarin
- Salz, Pfeffer
- Öl zum Braten

ZUBEREITUNG

Feldsalat gut waschen, die Maultaschen in Streifen und Champignons, Zwiebel und Speck klein schneiden. Für das Rosmarin-Honig-Senf-Dressing wird das Olivenöl mit dem Honig, dem Senf und einem Schuss Wasser gut *vergläbbert*, sodass sich eine Emulsion bildet. Sollte das Dressing für den individuellen Geschmack noch zu zähflüssig sein oder der Honig oder Senf überwiegen, kann gerne noch das Verhältnis etwas abgeändert werden. Den Rosmarinzweig zusammen mit Salz und Pfeffer hinzufügen und für etwa 10 Minuten ziehen lassen, dann den Zweig herausnehmen.

Nun den Speck und die Zwiebel *schmälzen* – aufgrund des im Speck enthaltenen Fettes allenfalls ein wenig Öl hinzugeben. Wenn die Zwiebel glasig und der Speck knusprig ist, beides auf einem Extrateller zwischenlagern und die Maultaschenstreifen im verbliebenen Fett

schmälzen. Etwa 3 bis 4 Minuten bevor die Maultaschen dem eigenen Geschmack entsprechend fertig sind, die Champignons, den Speck und die Zwiebel hinzugeben. Vorsicht! Da die Champignons schnell wässrig werden, wirklich nur kurz mitbraten.

Dann die fertigen Champignon-Speck-Zwiebel-Maultaschen mit dem Feldsalat anrichten, die Sauce nochmals *vergläbbern* und über das Ganze träufeln.

KRAUTMAULTASCHEN

Weißkraut ist in der deutschen und der schwäbischen Küche fest verwurzelt. So fest, dass man sich als Deutscher im Ausland aussuchen kann, ob man lieber als Kartoffel oder eben als Kraut tituliert werden will. Umso erstaunter waren wir, unter all den Krauteintöpfen, Kohlrouladen, Krautkuchen und natürlich den unvergleichlichen Krautschupfnudeln bei der Recherche zu diesem Buch nicht ein einziges Rezept auftreiben zu können, das Kraut und Maultasche gelungen kombiniert. Da nun auch noch 50 Prozent der Autorenschaft auf den Fildern und somit inmitten von Krautköpfen geboren wurden, lag wenig näher, als dieses Versäumnis der schwäbischen Küche anzugehen. Als besonders gelungene Kombination zeigte sich dabei die Verbindung von Maultaschen und Bayrisch Kraut. Diese wollen wir im Folgenden vorstellen.

Wem bei aller Toleranz das Bayerische nun doch etwas zu weit geht – immerhin hält Bayern seit Jahren einen guten Teil des Schwabenlandes besetzt –, der kann natürlich ganz im Stil der Krautschupfnudeln auch Sauerkraut verwenden, die Würzung – mit Lorbeer, Wacholder, Nelken, Speck – ist im Wesentlichen identisch.

ZUTATEN (FÜR 2 PERSONEN)

6	Maultaschen
1	kleiner Spitzkohl (etwa 500 g)
100 g	Speckwürfel
1	Zwiebel
1 EL	Zucker
300 ml	Fleischbrühe
1	Lorbeerblatt
5	Wacholderbeeren
3	Nelken
4 EL	Essig
½	Becher Crème fraîche oder Schmand
	Salz, Pfeffer, Muskat, Majoran, Paprika edelsüß
	Butterschmalz zum Anbraten

Tipp: Lorbeerblatt vor dem Servieren entfernen, Wacholderbeeren und Nelken nicht mitessen.

ZUBEREITUNG

Zunächst den Krautkopf vierteln und den Strunk entfernen. Anschließend in mundgerechte Streifen schneiden. Die Maultaschen in Streifen im Butterschmalz *schmälzen* und danach zur Seite stellen. In der Pfanne die klein geschnittene Zwiebel und den gewürfelten Speck anbraten, Krautstreifen hinzugeben. Nach kurzem Schmoren mit dem Zucker bestreuen. Nachdem der Zucker karamellisiert ist, mit Brühe ablöschen, Lorbeerblatt, Wacholderbeeren, Nelken, die Gewürze und den Essig hinzugeben. Unter gelegentlichem Rühren die Flüssigkeit reduzieren. Etwa 5 Minuten vor Ende der insgesamt 30-minütigen Zubereitungszeit Crème fraîche oder Schmand einrühren. Im letzten Schritt werden nun noch die Maultaschen hinzugegeben, um sie noch für etwa 2 bis 3 Minuten im Kraut ziehen zu lassen.

MAULTASCHENBIFTEKI MIT ZWEIERLEI SAUCEN

Bifteki, dieses Hacksteak mit eingebackenem Schafskäse, ist, wenn gut gemacht, sicherlich eines der Highlights der griechischen Küche. Der eigentliche Trick bei Bifteki ist meiner Meinung nach die Würzung des Hackfleischs und vor allem das Verhältnis von Hackfleisch zu Schafskäse. Leider kommt es doch recht häufig vor, dass man sich hungrig in einem griechischen Restaurant auf ein gutes Bifteki freut und dann doch nur einen Riesen*bollen* fast ungewürztes Hack vorgesetzt bekommt, in dem sich ein paar Krümel Feta verlieren. Dieses Erlebnis verarbeitet man am besten, indem man zu Hause Maultaschen aus dem Kühlschrank oder Gefrierfach nimmt und sie zu köstlichem Maultaschenbifteki aufwertet, gekrönt von zwei leckeren Saucen.

ZUTATEN (FÜR 2 PERSONEN)

- *6* Maultaschen
- *150 g* Feta am Stück (gerne auch eingelegt)
- *1* Zwiebel
- *1* Knoblauchzehe
- *6* Tomaten
- *1* Glas Sardellen in Öl
- *1* kleines Glas grüne Oliven
- *1* kleines Glas Kapern
- *1* Zitrone
- Salz, Pfeffer, Majoran, Oregano, Thymian, Rosmarin
- Öl zum Braten

ZUBEREITUNG

Zwiebel, Knoblauch, Oliven und Sardellen klein schneiden, Tomaten würfeln. Die Maultaschen quer durchschneiden, sodass sich Unterseite und Deckel ergeben. Den Schafskäse ebenfalls quer in maximal 1 Zentimeter dicke Scheiben schneiden, besser dünner. Die Schafskäsescheiben sollten dieselbe Größe wie die Maultaschen haben. Zunächst die Zwiebel- und Knoblauchstücke glasig andünsten und die Tomatenwürfel hinzugeben. Dies ist die Grundlage für beide Saucen. In einer Extrapfanne die Maultaschen mit den Außenseiten zuerst goldbraun anbraten. Wenn die Maultaschen auf die *Fülle*seite gewendet werden, die Tomatenmasse in zwei gleich große Teile teilen und in Extratöpfe geben. In einen Topf die Oliven, in den anderen die Sardellen und die abgetropften Kapern geben. Beide Saucen mit den Gewürzen abschmecken und auf kleiner Flamme ziehen lassen. Nun die Schafskäsescheiben zu den Maultaschen in die Pfanne legen und kurz mit anbraten, dann eine Scheibe auf eine untere Maultaschenhälfte legen und mit der oberen bedecken. Saucen auf dem Teller verteilen, Maultaschenbifteki hinzugeben. Zum Schluss noch ein paar Spritzer Zitronensaft über die Maultaschen träufeln.

MAULTASCHEN »VALENCIA«

Dieses Rezept hat eine kleine Europareise hinter sich: In seiner ursprünglichen Form als eine Art Klassiker der italienischen »mamma« wird es mit Penne zubereitet. So lernte ich es auch bei meinem Auslandssemester in Spanien kennen.

Doch beginnen wir am Anfang: Während meines Studiums der internationalen VWL freute ich mich sehr auf die Möglichkeit, ein Auslandssemester zu absolvieren. Nachdem die Entscheidung für Spanien gefallen war, bewarb ich mich an mehreren spanischen Universitäten. An der Universidad de Valencia wurde ich schließlich angenommen. Doch damit begannen die Vorbereitungen natürlich erst, und wer schon einmal versucht hat, eine Wohnung schon innerhalb Deutschlands in einer anderen Stadt zu finden, kann sich ungefähr vorstellen, wie schwierig das über Ländergrenzen hinweg ist. Ich beschloss also schnell, mich um die Wohnung erst nach der Ankunft in Valencia zu kümmern. Wo ich bis dahin unterkommen würde, war mir erst einmal egal – Jugendherbergen gibt es ja überall!

Der Zeitpunkt des Abschiedes rückte näher, und auf einer Feier sprach mich ein Freund aus Kassel an. Einer seiner alten Schulfreunde sei momentan auch in Valencia und er gebe mir seine Nummer, für den Fall, dass ich mal ein Bier trinken wolle oder sonst Rat bräuchte. Ich rief noch vor meiner Abreise an und der Kasseler erwies sich als einer der hilfsbereitesten Menschen, die ich in meinem Leben bisher kennenlernen durfte: Ohne mich zu kennen, lud er mich ein, bei ihm in seinem WG-Zimmer unterzukommen, und zwar während er selbst da wohnte und sich zudem mitten in der Lernphase für seine Medizinabschlussprüfung befand. Ich kann es mir nur so erklären, dass er nicht richtig wusste, dass er sich einen Schwaben ins Haus holte und dass Schwaben – besonders im Ausland – gerne *bruddeln* und den Auslandsaufenthalt im Grunde nur dazu brauchen, um sich zu versichern, dass es im Ländle halt doch am schönsten ist. Da sie das dann auch jedem mitteilen, sind sie eben oft nicht die einfachsten Menschen. Ich riss mich aber zusammen und versuchte, nicht zu viel zu meckern.

Die Wohnungssuche gestaltete sich aber auch vor Ort ähnlich schwierig wie in Tübingen, und so kam es, dass ich fast drei Wochen bei ihm auf der Couch lebte. In dieser Zeit lernte ich ihn immer besser kennen, und eines Abends kochten wir gemeinsam die klassische Version dieses Rezepts, das er selbst während eines Praktikums in Italien kennengelernt hatte. Erst später kam mir die Idee, dem Essen einen schwäbischen Touch zu geben, und so sind in diesem Gericht italienische Frische, schwäbische Bodenständigkeit und spanische Freundschaft enthalten.

Es vereint die Attribute schnell, einfach und lecker und ist – was für den Schwaben beim

Essen oft tatsächlich *nicht* ausschlaggebend ist – dabei günstig. Kurz: »*A subbr Sach ond gar ed deier!*« Da man bei diesem Hauptgang viel Zeit spart, kann man ohne Probleme eine Gazpacho als Vorspeise oder ein Tiramisu als Nachspeise kredenzen. Ob Sie in die Gazpacho – eine spanische kalte Gemüsesuppe – auch kalte Maultaschen hineinschneiden, bleibt Ihnen überlassen.

Ich bin dem »Kassler Jung« heute noch dankbar für die selbstlose Aufnahme und für dieses köstliche Rezept.

ZUTATEN (FÜR 2 PERSONEN)

- *6* Maultaschen
- *80 g* schwarze Oliven, entsteint
- *2* Packungen Mozzarella
- *150 g* Rucola
- *3–4* Tomaten
- Salz, Pfeffer, Olivenöl
- *2 EL* Butter

ZUBEREITUNG

Die Maultaschen in Streifen schneiden und in der Butter anbraten. Sobald sie knusprig sind, vom Herd nehmen und kleingeschnittene Oliven, Rucola, gewürfelte Tomaten und gewürfelten Mozzarella in der noch heißen Pfanne untermengen. Salzen, pfeffern, etwas Olivenöl darüberträufeln und gleich verzehren.

Dazu passt spanischer oder italienischer Weißwein.

MAULTASCHEN »ALLERTHAI«

Ein Fernsehkoch, dessen Name mir im Allerlei der Fernsehköche abhandenkam, blieb mir mit einem Ausspruch in Erinnerung: »... und dann legt man einen Garnelenspieß daneben und denkt, es wäre exotische Haute Cuisine.« Sicherlich ist das nicht ganz falsch. Besonders gerne wird dieser »Garnelenspießjoker« bei Suppen aller Art und vor allem bei dieser pikanten Thai-Suppe mit Kokosmilch gezogen. Folglich ist der Anspruch dieses hier vorgestellten »Maultaschen-Allerthais« nichts weniger als die Gründung einer Gegenbewegung. Erst wenn neben jedem Gericht ein Maultaschenspieß liegt und sich Fernsehköche abfällig über ebenjene Maultaschenspieße äußern, hat es seine Mission erfüllt.

ZUTATEN (FÜR 2 PERSONEN)

- *6* Maultaschen
- *400 ml* Hühnerbrühe
- *400 ml* Kokosmilch
- *2* mittelgroße Kartoffeln
- *1* rote Paprika
- *3 TL* rote Currypaste
- *2* Knoblauchzehen
- *1* Stängel Zitronengras
- *1* Knolle frischer Ingwer (ca. 5 cm)
- *2 TL* Salz (oder Fischsauce)
- *2 EL* Sojasauce
- eine Handvoll frischer Koriander
- *½* Limette
- Sesamöl zum Braten

ZUBEREITUNG

Jede große Mission beginnt mit einem ersten Schritt. In diesem Fall: Kartoffeln schälen und in maximal 1 Zentimeter große Würfel schneiden. Die Würfel zusammen mit der Currypaste, kleingeschnittenem Knoblauch, kleingeschnittenem Zitronengras und kleingehobeltem Ingwer, Salz und Sojasauce in das Hühnerbrühe-Kokosmilch-Gemisch geben und alles zum Kochen bringen. Nun die Paprika in Stifte und zwei der Maultaschen in Streifen schneiden. Die übrigen Maultaschen jeweils in sechs Stücke schneiden. Kurz bevor die Kartoffeln gar sind – dies sollte nach etwa zehn Minuten der Fall sein –, in einer Pfanne das Sesamöl erhitzen und die Maultaschenscheiben knusprig *schmälzen*. Währenddessen die Maultaschensechstel, die Paprikastifte und den Koriander in die Suppe geben und die Hitze reduzieren. Die Suppe zieht nun auf kleiner Flamme. Gegebenenfalls nochmals nachwürzen. Nun die inzwischen kross gebratenen Maultaschenstreifen auf zwei Schaschlikspieße stecken. Ganz zum Schluss den Limettensaft in die Suppe geben.

Die Suppe in Schälchen füllen, mit etwas Koriander garnieren und natürlich pro Person einen Maultaschenspieß dazulegen. So zeigen Sie, dass es sich bei diesem Gericht auch wirklich um Haute Cuisine handelt!

Wir empfehlen, die krossen Maultaschenscheiben eine nach der anderen in die Suppe zu streifen und sie sich dann zusammen mit einem Löffel Suppe einzuverleiben.

MEZE-MAULTASCHEN-SALAT

Ich liebe dieses in Olivenöl und Kräuter eingelegte mediterrane Gemüse, wie es auf Wochenmärkten quer durch die Republik von meist griechischen oder türkischen Händlern angeboten wird. Obwohl ich sicherlich schon ein Vielfaches meines Körpergewichts davon verschlungen habe, muss ich zugeben, dass ich die korrekte Bezeichnung erst jetzt recherchiert habe: Meze (türkisch) beziehungsweise Mesé (griechisch). Früher habe ich es immer Antipasti genannt. Was ja eigentlich nicht ganz falsch ist, aber eben der Herkunft der meisten Verkäufer unrecht tut.

Wie immer diese Gemüse auch heißen, zu Studienzeiten waren sie mir meistens zu teuer. Also kam es nur zu besonderen Anlässen in die Einkaufs*guck*. Und als solche besonderen Anlässe kristallisierten sich mit der Zeit Picknicks heraus, zu denen ich Leute einlud, die ich interessant genug fand, um mit ihnen diskutierend, schäkernd, lachend und natürlich essend und trinkend einen Nachmittag in der Natur zu verbringen.

Es wurden Rucksäcke mit Picknickdecke, Wein und Meze gefüllt und schöne Flecken in der Tübinger Umgebung aufgesucht.

Diese Liebe zu Meze-Picknicks änderte sich erst in meinem Praktischen Jahr während des Medizinstudiums, als der damit verbundene Stress die mögliche Picknickzeit und -lust auffraß und sich in der Folge die Tübinger Zeit ihrem Ende zuneigte. Das waren Jahre der zunehmenden Entfremdung zwischen den Meze und mir. Und schließlich war es, als hätte es die vielen schönen Stunden nie gegeben ...

Doch dann, eines Tages im gar nicht so mediterranen Schleswig-Holstein, entdeckte ich sie wieder. Die Berufstätigkeit hatte mir ein regelmäßiges und ordentliches Einkommen verschafft und der sprichwörtliche Zufall mir einen Wochenmarkt mit einem der besten, günstigsten und unterhaltsamsten Meze-Verkäufer aller Zeiten und Orte nur 100 Meter neben meine Arbeitsstelle gesetzt. Von Finanzierungs- und Beschaffungsfragen befreit, ging es richtig los, so sehr, dass die anderen Lieblingsspeisen, sprich die Maultaschen, erst einmal zurückstecken mussten.

Und genau das führte zu Konflikten. Eines Tages hatte ich wieder einmal dem Meze-Impuls ausgiebig nachgegeben und stand nun bei geöffnetem Kühlschrank den vorwurfsvollen Maultaschen gegenüber, die ich bereits am Vortag für das Abendessen gekauft hatte. Na und? Sind ja eingeschweißt und werden sich halt gedulden müssen. Oder doch nicht? Irgendwie war die Entscheidung für Meze viel einfacher als die gegen Maultaschen und Letztere sind nach einem kleinen Meze-Amuse-Bouche auch schnell angebraten, goldbraun und knusprig. Perfekt! Ich liebe es. Doch die Meze drängen sich wieder in den Vordergrund, sind eifersüchtig.

Sollte ich ein Machtwort sprechen? Mich offen zu einem Essen bekennen? Aber irgend-

wie ist es auch ganz angenehm, wenn deine beiden Leibgerichte um deine Gunst rangeln. Das Ende der Geschichte ist eine Schüssel, in der Meze und angebratene Maultaschen mit gehackter Petersilie, Olivenöl und Zitronensaft vermengt werden.

Und …? Geschmacksexplosion!

ZUTATEN (FÜR 2 PERSONEN)

- 6 Maultaschen
- 4 gefüllte Weinblätter
- 3 eingelegte Zucchinischeiben
- 3 eingelegte Auberginenscheiben
- 3 eingelegte Paprikascheiben
- 100 g eingelegte Champignons
- 3 eingelegte Artischockenherzen
- 150 g eingelegter Feta (mit Olivenöl)
- eine Handvoll eingelegte Oliven
- 1 großer Bund Petersilie
- ½ Zitrone
- Olivenöl zum Braten

ZUBEREITUNG

Das eingelegte Gemüse – die Meze – in mundgerechte Stücke schneiden und die Petersilie klein hacken. Beides in einer Schüssel vermengen, die Oliven ganz dazugeben, das Ganze mit dem Olivenöl des eingelegten Fetas anmachen und ziehen lassen. Die Maultaschen würfeln und in Olivenöl goldbraun anbraten. Die noch heißen Maultaschen zu den Meze geben und die halbe Zitrone darüber auspressen.

Das Ganze mit Weißbrot servieren, genießen und den Küchengöttern danken.

GRIECHISCH-SCHWÄBISCHER MAULTASCHENAUFLAUF »PANAGIOTIS«

Dieses Rezept ist Panagiotis Maltasiadis gewidmet, dem schwäbischsten Griechen auf diesem Planeten. Wir finden, jeder sollte einen Panos im Freundeskreis haben!

Der genaue Zeitpunkt der Entstehung des griechischen Maultaschenauflaufes liegt im Neckardunst der Tübinger Studentengeschichte verborgen. Fest steht nur, es war einer dieser Tage im Stadtteil Lustnau, wo die Straßennamen noch von frommer, dörflicher Beschaulichkeit zeugen und man in der Dorfstraße, der Kreuzstraße, der Dorfackerstraße oder Am Gänseacker wohnt, wo aber auch, hinter der Fassade der Beschaulichkeit, die wenig berühmten, dafür aber umso berüchtigteren Lustnau-WGs ihr Unwesen trieben. Fest steht auch, es hatte am Vorabend ein Studentenfeschtle stattgefunden. Dieses kann aber nicht allzu heftig gewesen sein, sonst hätte der Kater allerhöchstens das Aktivieren der Pizzaservicetaste des Telefons erlaubt, aber sicherlich keine eigene kulinarische Kreativität und schon gar keine Expedition in den nahen Supermarkt.

Womit auch feststeht, es war an einem Tag, an dem man einkaufen konnte. Sollten es also nicht Semesterferien gewesen sein – was unwahrscheinlich ist, weil wir uns da meist in alle Himmelsrichtungen zerstreuten –, dann war es wohl ein Samstag, allerdings erst nach Ende der Bundesligasaison. Sonst hätten wir in der »Rose« in Lustnau gesessen – bei Fußball und Maultaschen.

Am ehesten beginnt die Geschichte des Maultaschenauflaufs »Panagiotis« also an einem Samstag im Mai oder Juni irgendwann zwischen 2005 und 2010.

Wie dem auch sei: Der genaue Zeitpunkt ist unbekannt, das Gefühl dafür umso vertrauter: leicht verkatert, der Kopf befindet sich in einer Wolke, durch die klare Gedanken nur sehr langsam und meist unvollständig an die Oberfläche ploppen, der Magen flau, zwischen Hunger und Übelkeit, aber insgesamt noch nicht sehr fordernd. Es ist ein Gefühl wie: »Mittelfristig werde ich was Richtiges essen müssen, und mit richtig meine ich nicht zu mager und nicht zu wenig.«

Du hangelst dich am WG-Esstisch entlang, auf dem noch die letzte, halbvolle Flasche Weißwein steht, hin zum Kühlschrank. Die Kühle tut gut auf deinem nur mit Boxershorts bekleideten, vom Sommer und Vorabendrausch ausgetrockneten und überhitzten Studentenkörper. Du findest angebrochene eingelegte Peperoni, angebrochenen Schafskäse und ein paar verlorene Oliven. Eher frustrierend, aber zumindest kennst du jetzt die Rahmenbedingungen.

Zeit, sich erst einmal wieder hinzulegen, bis irgendwann einer der Mitbewohner mit dem gleichen Loch im Magen nach seiner Kühlschrankerkundung zu dir findet, um die weiteren Optionen zu diskutieren. Die naheliegendste ist der Supermarkt gegenüber.

Die Maultaschen empfangen euch direkt am Beginn des Kühlregals. *Geschmälzt* mit Käse und Ei würden sie schon den Bedürfnissen entsprechen, allerdings ist es unmöglich, die ganze Zeit danebenzustehen und zu rühren. Also ein Maultaschenauflauf. Der traditionelle Auflauf ist gut und bewährt, aber man hat ja noch das Griechenzeugs. Und den gestrigen Wein will man auch nicht wegschütten. Und so vereinen sich schwäbische Sparsamkeit und griechisches »Savoir-manger« zu dem besten aus beiden Welten: dem Maultaschenauflauf »Panagiotis«.

ZUTATEN (FÜR 2–3 PERSONEN)

6	Maultaschen
300 g	Feta
1	kleines Glas entsteinte Oliven
150 g	eingelegte Peperoni
1	kleines Glas Sardellen in Öl
1	Zwiebel
1	Knoblauchzehe
1	Becher Sahne
100 ml	trockener Weißwein (zum Beispiel Orvieto Classico)
	Salz, Pfeffer, Oregano, Thymian, Rosmarin

ZUBEREITUNG

Das Vorbereiten ist schnell erledigt. Sahne und Weißwein mit den Gewürzen vermischen. Alles andere in mundgerechte Stücke, Knoblauch und Zwiebel klein schneiden und in eine Auflaufform geben. Die gewürzte Weinsahne darüberschütten.

Den Auflauf circa 30 Minuten bei 180 °C überbacken. Da das Backen der Ofen erledigt, kann in dieser Zeit relaxt werden.

JUNGE KLASSIKER – EINGESCHWÄBELT

SCHWÄBISCHES CHILI MIT MAULTASCHEN – EIN GASTBEITRAG AUS DEM BADISCHEN EXIL

Manche studieren an der nächstbesten Universität, manche an der nächstgelegenen, manche wollen möglichst weit weg und manche suchen die Gefahr. Zu den Letzteren gehörte Marco Bräuninger, der nach dem Abitur in Nürtingen nicht wie die Autoren dieses Büchleins den kurzen und kulturell homogenen Weg zum Studium nach Tübingen wählte, um dann von diesem sicheren Hafen aus Praktika in alle Welt zu unternehmen. Nein, Marco Bräuninger zog zum Studium nach Baden! Namentlich nach Heidelberg. Dort lebte er in einer schwäbischen Exil-WG, von der aus bald ein reger Austausch zu den WGs in Tübingen-Lustnau stattfand. Analogien dieser Heidelberger Schwaben-WG mit einem kleinen wohlbekannten gallischen Dorf sind sicher nicht ganz aus der Luft gegriffen: Zaubertrank wurde getrunken, Schlachten gegen Übermachten geschlagen, nur: Statt Wildschwein gab es Maultaschen, oder besser das schwäbische Maultaschen-Chili, das unser Gastautor von Nürtingen nach Heidelberg mitnahm und das dort die studentische Feierkultur entscheidend prägte. Aber lesen Sie selbst:

»Vorangegangene Rezepte glänzten durch spielerische Anekdoten, sentimentale Ausschweifungen und sprühende Kreativität, die auch der Not unserer damaligen Jugend geschuldet waren. Situationen, wie sie auch zur Entstehung des griechisch-schwäbischen Maultaschenauflaufs führten, glichen einem sich wiederholenden Schauspiel in der Tübinger Studentenschaft: Nachdem viel und ausgiebig gefeiert worden war – ausgiebig wäre damals das falsche Wort gewesen und das Wort feiern verharmlost die Exzesse –, erwachte man morgens leicht bis komatös verkatert und fand sich immer wieder in die Enge getrieben vom Wunsch nach etwas Essbarem und nach einem Heilmittel gegen all den Weltschmerz. Nicht dass ich das nicht selbst genau in dieser Form in genau dieser Stadt und mit diesen beiden damaligen Studenten oft genug erlebt hätte.

Doch waren wir Heidelberger Studenten anders. Unserer Weitsicht und unseren kultivierten Essgepflogenheiten ist es zu verdanken, dass die Maultasche schon am Abend zuvor auf den Tisch kam. Verstehen Sie mich nicht falsch, das Feiern und der Tag danach liefen genauso ab wie in der Entstehungsgeschichte des Griechisch-Schwäbischen Maultaschenauflaufs beschrieben, nur rund 150 Kilometer nördlicher, in Baden ... und mit einem Unterschied: Heureka!

Die für die Tübinger so quälende Essensproblematik am nächsten Morgen gab es hier nicht. Die Reste vom Vorabend waren

ja noch da, wenn auch bereits in kalter Form in der Küche beziehungsweise in der ganzen WG verteilt. Denn beim Heimkommen nach der Party hatte der Hunger der siegreichen Partytiger vor keinem Teller oder keiner unberührten Schüssel Halt gemacht und vieles wurde in die hintersten Winkel der WG verschleppt – auch wenn man sich daran am nächsten Morgen so manches Mal nicht erinnern konnte und erschreckt war ob des Chaos.

Anlass für dieses Rezept war eine WG-Party, auf der es mehr als nur Knabberzeugs zur Verpflegung geben sollte. Wir befinden uns im Jahre 2008 n. Chr. Es gibt nichts Besseres als ein Chili con Carne. Nichts Besseres?! Nein, ein von unbeugsamen Schwaben entwickeltes Rezept entpuppt sich als das bessere Chili, das ›schwäbische Chili‹ – sogar für Badener!«

ZUTATEN (FÜR 5 PERSONEN)

12	Maultaschen
500 g	gemischtes Hackfleisch
½	Tube Tomatenmark
2	Zwiebeln
2	Karotten
1	Knoblauchzehe
750 g	Tomaten
1	Dose Mais
1	Dose Kidneybohnen
3	Chilischoten, fein gehackt
1 TL	Worcestershire-Sauce
	Salz, Pfeffer, Petersilie, Thymian, Rosmarin
4	Flaschen Bier (2 l)
	Crème fraîche nach Belieben

ZUBEREITUNG

Zuerst das Bier auf Güte und Geschmack prüfen. Dies während der gesamten Zubereitung öfters wiederholen, um sich der Qualität zu versichern.

Hackfleisch mit dem Tomatenmark in einem sehr großen Topf scharf anbraten. Gehackte Zwiebeln und klein geschnittene Karotten hinzugeben, kurz mitbraten und mit gut einer halben Flasche Bier ablöschen. Dann gehackten Knoblauch und zerkleinerte Tomaten hinzugeben.

Maultaschen würfeln und zusammen mit allen anderen Zutaten in den Topf geben.

Das Chili gute 30 Minuten köcheln lassen und bei gelegentlichem Umrühren Bier nachgießen, um ein vorzeitiges Eindicken zu verhindern. Mais und Kidneybohnen abtropfen lassen und hinzufügen. Mit den Chilischoten, Worcestershire-Sauce und den Gewürzen abschmecken.

Frisches Baguette und einen Klecks Crème fraîche dazu reichen.

MAULTASCHEN »BER«

Wie es ja seit einiger Zeit Trend ist, zog es auch mich nach Berlin, allerdings nicht als junger, kreativer »real estate investor« oder »irgendwas mit Medien«. Ich musste »in den Osten«, um meine Arbeitsstelle zu behalten, weil diese von Stuttgart nach Berlin verlegt wurde.

Aus dem sonnenverwöhnten winterlichen Tübingen verschlug es mich ausgerechnet in den Berliner Winter mit den wenigsten Sonnentagen seit Beginn der Wetteraufzeichnungen. Jeder Tag war tiefgrau, nicht nur gefühlt. Das schlug fast so sehr aufs Gemüt und den Magen wie die ungewohnte Distanz zu Freundin, Freunden und Familie und natürlich wie das nichtschwäbische Essen.

Ich zog in den Prenzlauer Berg, der zu der Zeit eines der Trendviertel Berlins war. Das bedeutete auch, dass die Gentrifizierung in vollem Gange war: Durch den Zuzug von zahlungskräftigeren Mietern stieg der Mietschnitt an, wodurch alteingesessene Bewohner, die sich die Mieten nicht mehr leisten konnten, verdrängt wurden. Dies provozierte natürlich Konflikte und die Suche nach einem Sündenbock. Wie aus einschlägigen Medien bekannt, waren das in Berlin und insbesondere im Prenzlauer Berg die Schwaben, investieren die doch gerne in Immobilien und freuen sich daher über hohe Mieten, die in ihre Taschen fließen – so zumindest das Klischee.

In dieses Umfeld verpflanzt, fühlte ich mich zum ersten Mal in meinem Leben als Teil einer Minderheit. Und ich reagierte darauf wie viele, die einer Minderheit angehören: Ich wollte nicht auffallen. Das ging nun nicht so weit, dass ich mich wie ein »Hipster« kleidete, aber beispielsweise erwiderte ich auf gute Wünsche »auch so«, wie es der Berliner tut, und eben nicht »äbeso«, wie es in Schwaben üblich ist – wenn man bei uns im Süden überhaupt gute Wünsche bekommt. Mit der Zeit passten sich auch meine kulinarischen Gewohnheiten an, ich aß ab und an die typisch berlinerischen Gerichte wie Döner und Currywurst. Meine Sehnsucht nach Maultaschen war jedoch ungebrochen. Und dann kam mir eines Tages eine Idee.

Der eigentliche Sinn der Maultasche war ja, am Fastentag beziehungsweise im Fastenmonat das Fleisch in Teig zu verstecken, damit es »dr Herrgott net sieht«. Meine Idee war, die Maultasche unter Currysauce zu verstecken, damit sie der Berliner nicht sieht. Entstanden ist dabei nebenstehendes Gericht.

Die Schwaben wurden dann übrigens als Volksgruppe, die man nicht gerne sah, von den Spaniern abgelöst beziehungsweise gesellten sie sich zu dieser illustren Gesellschaft hinzu. Wer weiß, vielleicht sehen wir bald auch Paella im Fladenbrot, »mit Scharf und Kräutern«.

ZUTATEN (FÜR 2 PERSONEN)

- 6 Maultaschen
- 3 Zwiebeln
- Knoblauch nach Geschmack (Empfehlung: 2–3 Zehen)
- 6 frische Rote Paprika
- ½ Tube Tomatenmark
- 2 Chilischoten
- 200 ml Weißwein
- 500 ml Gemüsebrühe
- 1 EL Curry
- 200 g Zucker
- Paprika edelsüß und scharf, Salz, Pfeffer
- Öl zum Braten

ZUBEREITUNG

Für die Currysauce schneiden Sie zwei Zwiebeln klein und schwitzen sie mit dem kleingehackten Knoblauch in Öl an. Die gewürfelten Paprika dazugeben, mit Salz, Pfeffer und Zucker würzen und das Ganze scharf anbraten. Das Tomatenmark hinzufügen und dann karamellisieren (hier braucht man unter Umständen Geduld, aber die zahlt sich aus!). Danach ablöschen mit dem Weißwein und die Brühe hinzufügen. Einkochen, Chilischoten dazu. Dann das Ganze pürieren, Curry hinzugeben und mit Paprika und Salz nochmals abschmecken.

Die Maultaschen in Würfel schneiden und mit einer gehackten Zwiebel scharf anbraten. In einer Schale anrichten und gut mit Currysauce bedecken.

Fertig ist die subversive Currymaultasche.

MAULTASCHENFRÜHSTÜCK À LA CANNSTATTER KARNEVAL

Vermutlich stellen sich während des Lesens der Überschrift bei einigen urschwäbischen Lesern die Nackenhaare auf. Ich kann sie förmlich hören: »Bei uns hoißt des net Karneval, des isch *fei* d' *Fasnet*!«

Doch nein! Liebe Landsmänner und -frauen, was sich seit wenigen Jahren in Cannstatt abspielt, hat mit der guten alten schwäbisch-alemannischen *Fasnet* nichts, aber auch gar nichts zu tun. Ganz unabhängig von der fünften Jahreszeit machen sich seit kurzem zweimal im Jahr Horden auf zum groteskesten Karnevalsumzug, den das Ländle je gesehen hat: Alle sind sie als Bayern verkleidet und streben in ihren Dirndln und Lederhosen zu den »Prunksitzungen« auf den Cannstatter Wasen. Da bleibt nur Kopfschütteln und eine entgeisterte Frage: »Was haben bitte Dirndl und Lederhose auf dem Wasen verloren?!«

Nun ja, wie dem auch sei, die Uhr lässt sich nicht mehr zurückdrehen und vermutlich werden Sie, lieber Leser und liebe Leserin – die mit den noch liegenden Nackenhaaren –, auch beim nächsten Volksfest wieder Ihr Dirndl, das rotkarierte Hemd und die Krachlederne rausholen – wann kann man die denn sonst mal tragen –, war ja schließlich teuer. So bleibt uns wohl nichts anderes übrig, als einen Vorschlag zur Güte und Völkerverständigung zu machen: Bevor Sie über das ganze Bayer-Spielen Ihre Wurzeln vergessen, leiten Sie doch den nächsten Wasen-Tag durch ein zünftiges Maultaschen-Frühstück ein. Das verläuft ähnlich dem Weißwurstfrühstück, aber statt Weißwürsten nehmen Sie Maultaschen. Die kann man auch den ganzen Tag essen, weswegen Sie sich auch das teure Göckele auf dem Wasen sparen können.

Und wer weiß, vielleicht werden demnächst auch in Bayern Maultaschen statt Weißwürscht gefrühstückt. Erstens schmecken sie sowieso besser und zweitens müssen wir auch die Lederhosen auf dem Wasen dulden.

ZUTATEN (FÜR 3 PERSONEN)

- 6 Maultaschen
- 3 Laugenbrezeln
- Süßer Senf
- 3 Hefeweizen (je ½ l)

ZUBEREITUNG

3 Maultaschen *schmälzen*, 3 in der Brühe ziehen lassen. Mit Senf, Brezeln und Hefeweizen genießen.

Bei diesem unkomplizierten Gericht muss nicht sehr auf Tischmanieren geachtet werden. Sie dürfen beispielsweise gerne die Brezel in den Senf tunken. Im Grunde gibt es nur zwei große Fettnäpfchen: Erstens, wenn Sie als Gastgeber Ihren Gästen »Brezen« statt Brezeln vorsetzen oder als Gast nach einer »Breze« fragen! Zweitens, wenn Sie anfangen, die Maultaschen auszuzuzeln.

MAULTASCHENLASAGNE »SAN MARCO«

Können Sie sich noch an Ihren ersten Purzelbaum im Wasser erinnern? Dieses Gefühl, wenn einem kopfüber das Schwimmbadwasser in die Nase schießt und sich durch den ganzen Kopf presst. Man nehme dieses Gefühl und stelle sich das Wasser nicht schwimmbadwarm, sondern gletscherbachkalt vor und die Unterwasserumgebung nicht geräuschlos, sondern gurgelnd, brausend, tosend. Fügen Sie nun noch eine Prise Unsicherheit darüber hinzu, ob man nicht gleich mit dem Kopf gegen einen Unterwasserfelsen schlagen wird, dann sind Sie ziemlich nahe dran. Und zwar an dem Gefühl eines gekenterten Kajakfahrers im Wildwasser. Die beste Lösung ist die Eskimorolle, die zweitbeste aussteigen und schwimmen. Aber eigentlich ist schon das Kentern zu vermeiden, lässt es sich aber nicht immer. Eigentlich fast nie. Und irgendwie ist das auch zu erwarten, wenn man sich in weniger als zwei Meter langen Nussschalen zu Tal brausenden Gebirgsbächen aussetzt, die durch enge Schlüsselstellen jagen.

Und warum macht man so was? Bei uns war es sicherlich die Kombination aus Adrenalinkick, Abenteuerlust, Outdoor-Aktivität, Paddler-Lifestyle – schließlich sind die Wildwasserpaddler die Surfer der Berge – und Zusammengehörigkeitsgefühl. Und so ließen wir uns um das Abitur herum kaum eine Gelegenheit entgehen, um die Boote auf das von den Eltern geliehene Auto zu binden, Neopren- und Paddelausrüstung in den Kofferraum zu werfen und in die Alpen Österreichs oder Sloweniens zu fahren oder auf den Eiskanal nach Augsburg. Und wenn der Regengott ein Einsehen hatte und unsere Gebete erhörte – ja, wir hofften tatsächlich immer auf Regen, was mir später in Kiel richtiggehend wahnsinnig vorkam –, dann war sogar die Kirchheimer Lauter zwischen Ötlingen und Wendlingen einen kleinen Ritt wert.

Und so kämpften wir mit den Walzen und Verschneidungen, hatten dem eisigen, wilden Wasser nichts als unsere Muskelkraft und gezielte Paddelschläge entgegenzusetzen, hangelten uns von Kehrwasser zu Kehrwasser flussabwärts und waren meist so euphorisch, dass wir die Erschöpfung, die mit dem kalten Wasser langsam in unsere Glieder hochkroch, erst nach dem Aussteigen bemerkten. Und nur Minuten später wurde die Erschöpfung durch schlagartig einsetzenden quälenden Hunger ergänzt.

Leider war das mit dem Essen oft ein Problem. Mangelnde Kühlmöglichkeiten für Fleisch machten Grillen unmöglich und so blieben meist nur die Dosenravioli, Tütennudeln oder was gewisse Discounter sonst noch so hergaben. Wie dankbar waren wir da, wenn ein alter Paddlerhaudegen mit am Start war, der sich aus genau diesem Grund ein Wohnmobil gekauft hatte. Der Kühlschrank und der kleine Gasherd, sogar mit Backofen, machten die ganze Situation deutlich angenehmer und ermöglichten die Zubereitung des am besten für diese Situation geeigneten Gerichtes: der Maultaschenlasagne. Denn nur die Kombination aus Maultaschenfüllung,

Vielschichtiges Gericht: Lage um Lage füllt sich die Auflaufform.

Bolognese-Sauce und Käse war in der Lage, die Speicher wieder aufzufüllen, die Lebensgeister auferstehen zu lassen und uns fit zu machen für eine lange, gemütliche Nacht am Lagerfeuer mit den Heldengeschichten des vergangenen Tages und jenen Heldenmythen vergangener Ausfahrten, die zwischen Treppenhaus, Preußenschleuder, Dom, Magnetfelsen, Friedhofstrecke, Schiefem Eck, Waschmaschine, Eck von Egg oder dem Hackmesser spielten – wobei ich von Letzterem auch heute noch nicht weiß, ob es diese Schlüsselstelle nun wirklich auf einem Bach dieser Welt gibt oder ich nur mein ganzes Paddlerleben lang nicht durchschaut habe, dass es sich dabei eigentlich um Paddler-»Seemannsgarn« handelt.

Namensgeber der Maultaschenlasagne ist übrigens ein Nürtinger, der sowohl beim Paddeln als auch beim Essen immer ganz vorne mit dabei war und der uns in Paddelkönnen und Wagemut überragte. Sein Name: Marco Bräuninger. Mag sein, dass sich bereits beim Paddeln die Abenteuerlust andeutete, die ihn später nach Baden führen und diesem Büchlein den Gastbeitrag zum schwäbischen Chili (S. 76) bescheren sollte.

ZUTATEN (FÜR 6 PERSONEN)

16	Maultaschen
500 g	gemischtes Hackfleisch
6	frische Tomaten, kleingeschnitten
1	Zwiebel, fein gehackt
1	Knoblauchzehe, fein gehackt
500 g	passierte Tomaten
	etwas Zucker
1	Chilischote, fein gehackt
20 g	Butter
20 g	Mehl
½ l	Milch
250 g	geriebener Emmentaler
	Salz, Pfeffer, Muskat, Thymian, Oregano, Majoran, Basilikum
3 EL	Olivenöl zum Braten

ZUBEREITUNG

Für die Sauce Tomaten, Zwiebel und Knoblauch im Olivenöl kurz glasig andünsten, dann das Hackfleisch und kurz darauf die Tomatenstücke hinzugeben und mit anbraten. Mit Salz, Pfeffer, Zucker und der Chilischote würzen. Passierte Tomaten hinzugeben und das Ganze kurz aufkochen. Mit Kräutern je nach Geschmack würzen. Fertig!

Für die Béchamel aus Butter und Mehl eine helle Mehlschwitze anfertigen, die Milch unter ständigem Rühren mit einem Schneebesen dazugeben, aufkochen lassen und mit Salz, Pfeffer und Muskat abschmecken.

In eine ausreichend große Form wie folgt schichten: Die erste Maultaschenlage wird auf ein Bett aus Tomatensauce gelegt und mit Tomatensauce bedeckt. Eventuell kann hier eine kleine Kelle Béchamelsauce »verbaut« werden. Mit den folgenden Schichten genauso verfahren. Zuoberst wird das Verhältnis von Béchamel und Tomatensauce umgekehrt und der Käse darübergestreut. Dann im Ofen etwa 30 Minuten bei 180 °C überbacken.

MAULTASCHENBURGER

Berufstätig und darüber hinaus vielbeschäftigt sind und waren wir alle, dafür wohnten wir aber auch ziemlich weit auseinander, was die Termin- und Ortsfindung fürs Probekochen und Maultaschenkochbuchfotos-Schießen nicht unbedingt einfach machte. Ein Augustwochenende sollte es sein, an einem Ort, der geistig so nahe an Schwaben ist, wie es außerhalb Schwabens nur irgend möglich ist – Prenzlauer Berg, Berlin.

Kiel–Berlin, das sollte mit der Bahn etwa drei Stunden dauern, etwas mehr, wenn man den innerstädtischen Berliner Nahverkehr hinzurechnete. Eine Abfahrt um 18.38 Uhr würde also noch genug Zeit für das abendliche Alte-Freunde-sehen-sich-wieder-gemütliche-Beisammensein lassen. Dank hervorragend effizientem Arbeiten konnte ich den letzten Patienten des Tages tatsächlich sogar etwas vor seinem eigentlichen Termin ins Sprechzimmer rufen – was ein absolutes Novum in deutschen Arztpraxen sein dürfte: negative Wartezeit. Das Erreichen des Zuges am Kieler Bahnhof und damit ein rechtzeitiges Ankommen in Berlin war gesichert – in der Ferne konnte ich bereits das Feierabendwiedersehensbier ploppen hören und eine sanfte Brise milden Hopfengeruchs untermalte meine Vorfreude.

»Sehr geehrte Fahrgäste, wegen eines Brandes zwischen Hamburg Dammtor und Hamburg Altona wird dieser Zug Hamburg Hauptbahnhof auf Nebenstrecken erreichen – voraussichtlich mit einer halben Stunde Verspätung.«

Am Ende war es dann eine Dreiviertelstunde, was meine Ankunftszeit in Berlin von 22 auf 23.38 Uhr verschob. Die Wartezeit von einer Stunde auf den nächsten ICE Hamburg–Berlin wollte ich zum Abendessen nutzen. Kennen Sie das, wenn Sie von einem unangenehmen Erlebnis so frustriert sind, dass Sie nichts Positives mehr sehen? So war es mit dem Essen all der Buden im offenen Konsumbereich der Wandelhalle des Hamburger Hauptbahnhofs. Alles zu teuer, zu sehr Fast Food, zu geruchsintensiv, zu fischig, zu fleischig, zu gemüsig. Einfach unappetitlich. Ich bestellte mir also nur ein Hefeweizen und schaute die erste Halbzeit Bundesliga, Dortmund gegen Bremen. Die Kellnerin brachte mir einer norddeutschen Unsitte folgend eine 0,3(!)l-Flasche Hefe. Zu allem Überfluss hatte sich mittlerweile eine – natürlich schwäbische – Junggesellenabschiedsgruppe zu mir gesellt. Die Jungs waren schon gut dabei, legten mächtig Hochprozentiges nach und beschallten mich und den ganzen Foodcourt mit ihren Plänen für das anschließende Steilgehen auf dem Kiez. Meine Stimmung jedenfalls ging auch steil – und zwar bergab.

Aber damit war es noch lange nicht genug. Weiter ging die Chose auf dem Bahnsteig meines Anschlusszuges. Kurz vor Abfahrt lief ich dort auf, nur um einen anderen ICE – nach Zürich, glaube ich – auf dem Gleis vorzufinden. Die Anzeigetafel vermerkte meinen Zug aber noch an dieser Stelle und ohne Verspätung. Als der Züricher Zug schließlich abfuhr, sprang auch die Anzeigetafel um: »Hamburg–Berlin heute circa 30 Minuten später.« Na toll.

Wieder zum Fußball? Da war Halbzeit. Also warten. Kurz vor der erwarteten Ankunft gab die Anzeigetafel bekannt: »ICE nach Berlin: heute voraussichtlich 45 Minuten später.« Ich hätte kotzen können, aber ich hatte ja noch nichts gegessen. Und genau dies wurde mir in meinem *Bruddeln* jetzt schmerzlich bewusst! Der Hunger meldete sich wieder.

Aber jetzt war es schon zu spät, hier würde ich nichts mehr essen, in überhaupt gar keinem Zug oder Bahnhof jemals wieder. Das kommt ja alles nur der DB zugute und was machen die dann mit dem Geld? Anstatt ihre himmelschreienden Abläufe zu verbessern, reißen sie immer weitere Stückchen von altgedienten funktionierenden Bahnhöfen in Schwaben nieder, obwohl es in den Sternen steht, ob da überhaupt jemals ein neuer entstehen wird. Nein, die bekommen mein *Veschpergeld* nicht!

Dann kam der Zug. Wenigstens war er fast leer. Ich nahm Platz. Doch wie um auch nur der hypothetischen Möglichkeit einer Entspannung vorzubeugen, kam die nächste Durchsage: »Sehr geehrte Fahrgäste, wegen einer Baustelle wird unser Zug heute voraussichtlich gegen 1.10 Uhr Berlin Hauptbahnhof erreichen.«

Um halb zwei war ich schließlich am Alexanderplatz und gönnte mir ein Taxi, auch wenn es nur zwei Kilometer bis zu meinem Ziel waren. Resultat war: »Dat is ja wohl 'n Witz! Jetz hab ick eene janze Stunde am Taxistand jewartet und wenn ick vorne bin, dann kommt so eener und will nur ums Eck. Schön' Dank ooch!« Jetzt war ich nicht nur müde, hungrig, frustriert, verärgert, sondern auch ziemlich baff und ein bisschen beeindruckt. Denn wohlweislich – und als alter Profi – hatte der Taxifahrer erst mit seiner Tirade begonnen, nachdem ich ihm Trinkgeld gegeben hatte ...

Als ich endlich ankam, war mein erster Satz: »Jungs, habt ihr noch was zu essen?« Lapidare Antwort: »Ja, Henning, es gibt Maultaschenburger.«

Und schwuppdiwupp konnte ich mich auf mein erstes Bier konzentrieren und die Freunde kreierten den sensationellen Maultaschenburger mit seinem Kernstück: der innovativ quer aufgeschnittenen Maultasche. Traumhaft! Und der Auftakt zu einem Wiedersehensplausch bis fünf Uhr morgens.

Freundschaft ist etwas Wunderbares.

ZUTATEN (FÜR 4 BURGER)

- 4 Maultaschen
- 4 große Salatblätter
- 2 in Scheiben geschnittene Tomaten
- 4 Baconstreifen
- 1 Zwiebel
- Burgersauce
- Ketchup
- Cheddar-Scheiben nach Belieben
- Öl zum Braten

ZUBEREITUNG

Dieses Gericht fällt unter die Kategorie Fast Food und natürlich sind Ihnen bei der Art der Burgerbelegung keine kreativen Grenzen gesetzt – sogar Spiegelei oder Ananas sind möglich. Wir haben uns hier für eine recht klassische Burgervariation entschieden.

Also: Speck in der Pfanne auslassen, anschließend die Maultaschen quer aufschneiden und anbraten. Burgersauce und Ketchup jeweils auf eine der Burgerbrötchenhälften auftragen, auf die Unterseite des Burgers Salat, Tomaten und Zwiebelringe und auf die Oberseite die in Scheiben geschnittenen Gewürzgurken und den ausgelassenen Speck legen. Als Herzstück die zwei quer geschnittenen Maultaschenhälften, auf die Sie je nach Geschmack eine Scheibe Cheddar hinzufügen können, auf die Unterseite legen.

Zusammenklappen und genießen!

SÜSSE MAULTASCHEN

APFELMAULTASCHEN MIT VANILLESAUCE

Teig mit Äpfeln zu füllen hat sich in vielen Kulturen bewährt. Warum sollte man also nicht auch eine Maultasche so veredeln und zusätzlich zum leckeren Geschmack der Apfeltasche noch die lokalpatriotische Euphorie genießen? Darüber hinaus ist die Kombination von Äpfeln und Maultasche so etwas wie die natürliche erste Wahl für eine süße Maultasche, ist das Ländle doch bekannt für seine Streuobstwiesen, und so mancher Schwabe verbringt seine Wochenenden beim Schaffen auf dem eigenen *Stückle*.

ZUTATEN (FÜR 2 PERSONEN)

50 g Maultaschenteig
4 große Äpfel
1 Handvoll Mandelblättchen
300 ml Sekt
1 EL Rosinen
1 EL Honig
1 Prise Zimt
200 ml Milch
200 g Sahne
1 Vanilleschote
4 Eigelb
40 g Zucker
Butterschmalz zum Braten

ZUBEREITUNG

Als Erstes bereiten Sie den benötigten Teig zu (siehe S. 24) oder nehmen die entsprechende Menge aus dem Gefrierfach. Sollten Sie Teig eingefroren haben, ist es ratsam, dies schon am Vorabend zu tun, da sonst unnötige Verzögerungen entstehen.

Als Nächstes kann – sofern sie gerne kalt verzehrt wird – die Vanillesauce vorbereitet werden.

Milch und Sahne vermengen, das Vanillemark aus der Schote schaben und mit dieser zusammen in die Milch-Sahne-Mischung geben. Alles aufkochen lassen.

Unterdessen Eier trennen und die Eigelbe mit dem Zucker verrühren. Die kochende Vanillemilchsahne vom Herd nehmen, Schote herausnehmen und die Zucker-Ei-Masse mit dem Schneebesen unterrühren. Nicht mehr kochen lassen! Sollte das Ei nicht ausreichend stocken, um die Sauce anzudicken, ist ein erneutes vorsichtiges Erhitzen notwendig. Dabei ist es ausgesprochen wichtig, währenddessen ständig

zu rühren, damit die Masse homogen bleibt. Aber die Arbeit lohnt sich!

Nun zur *Fülle:* Die Äpfel schälen und in etwa 1 Zentimeter große Würfel schneiden. Die Mandeln in einer Pfanne rösten, bis sie leicht gebräunt sind. Die Äpfel zum Schluss kurz mitbraten, mit dem Sekt ablöschen und die Rosinen, den Honig und den Zimt hinzugeben. Wenn die Äpfel noch einen gewissen Biss haben, sich aber schon mit dem Sekt zu einer cremigen Masse verbunden haben, vom Herd nehmen und etwas abkühlen lassen. Währenddessen den Teig auswellen.

Die Apfelmasse in maultaschengerechte Portionen auf dem Teig verteilen. Für die Dekoration etwas davon übrig lassen. Die Apfelmaultaschen wickeln oder falten und in siedendem, leicht gesalzenem Wasser circa 10 Minuten ziehen lassen. Maultaschen aus dem Wasser nehmen und abtropfen lassen. Entweder die Maultaschen in einer Pfanne mit Butterschmalz goldgelb *schmälzen* oder gleich verwenden.

Die Maultaschen mit der Vanillesauce und etwas extra *Fülle* servieren. Wahlweise schmeckt zur Apfelmaultasche auch Vanilleeis – wer hätte das gedacht!

MAULTASCHEN »SERIGALA DENGAN JALAN«

Im Herbst des Jahres 2012 begab ich mich auf große Reise, um meinen mittlerweile in Indonesien arbeitenden Schul- und Studienfreund Wolfgang zu besuchen und dort ein paar Wochen Rucksacktourismus zu betreiben. Natürlich begab ich mich damit auch auf eine kulinarische Entdeckungsreise durch exotische Gemüse, Fisch aller Art, für ungenießbar gehaltene Tierteile und Reis zu jeder Mahlzeit, oft auch zum Frühstück. Da Indonesien aus wirklich vielen, kulturell teilweise extrem unterschiedlichen Inseln besteht, ist auch die Küche entsprechend vielseitig und es bräuchte mehr als ein ganzes Kochbuch und einen mehrjährigen Aufenthalt, um diese Vielfalt auf Papier zu bringen. Daher möchte ich mir nach einer kurzen Urlaubsreise nicht anmaßen, hier die indonesische Küche zu beschreiben. Eine kulinarische Kuriosität möchte ich aber dennoch auch hier, im Maultaschenbuch, unterbringen.

Auf einer der Inseln, die wir im Laufe unseres Urlaubs bereisten, machten wir eine Dschungeltour zu einem Wasserfall, um uns dort aus zehn Metern Höhe von einem Felsen in ein darunterliegendes natürliches Bassin zu stürzen. Die Tour war geführt, doch am Wasserfall hatten wir zwei Stunden Pause, um uns auszuruhen, uns in die Sonne zu legen und ab und an zu baden. Ich nutzte die Zeit und ging ein wenig spazieren. Kaum war ich fünfzig Meter in den Dschungel spaziert, entdeckte ich einen nur schwach auszumachenden Pfad, der tiefer in das Dickicht führte. Ich folgte dem schattigen, dunklen, grünen Dschungelpfad. Es ging bergauf, das Dickicht wurde immer dichter, die fremd klingenden Dschungelgeräusche wurden immer lauter und auch der exotische Geruch wurde intensiver. Vielleicht wurden meine Sinne auch nur von der leichten Angst, allein im Dschungel unterwegs zu sein, geschärft. Nach einer halben Stunde Marsch öffnete sich der Wald. Mein Blick fiel auf ein kleines, malerisches buddhistisches Kloster, umgeben von sattgrünen Reisfeldern. Ich näherte mich neugierig, als ich plötzlich ein Tippen auf der Schulter fühlte. Ein lächelnder Mönch sprach mich an, seltsamerweise verstand ich ihn. Er meinte, dass ich ihm folgen solle. Etwas mulmig kam ich der Aufforderung nach. An einer Palme nahe dem Kloster machten wir halt und ich wurde aufgefordert mich zu setzen. Eine frisch angestochene Kokosnuss wurde mir gebracht und ich trank sie in gierigen Zügen aus. Nun erst wurde mir bewusst, wie hungrig und durstig ich war, wir waren früh aufgebrochen und außer Frühstück – »banana pancakes«, natürlich mit Reis – war noch nichts im Magen.

Dann war der Mönch verschwunden, was mich nicht sonderlich störte. Ich genoss die Atmosphäre an diesem einzigartigen Ort. Nach kurzer Zeit kam der Mönch mit einem Bananenblatt zurück. Auf dem Blatt lag etwas, das mich verdächtig an eine Maultasche erinnerte. Das Blatt bildete eine Art Schiffchen und die Teigtasche schwamm auf einer sehr dunklen Sauce. Ich nahm die Teigtasche, tunkte sie in die Sauce und biss ab. Ich war überrascht: Es handelte sich um eine Süßspeise, die Teigtasche war gefüllt mit einer Mischung aus Reis und Banane und bei der Sauce handelte es sich um flüssige Schokolade.

Der Mönch erklärte mir, dass in dem Kloster derzeit Fastenzeit herrsche und Reis daher eigentlich nicht erlaubt sei. Die Mönche griffen jedoch zu einer List und verpackten den Reis in Teigtaschen, um ihn so vor den Augen der Götter zu verbergen. Diese Geschichte kam mir nun doch sehr bekannt vor und aufgeregt erzählte ich dem Mönch von der schwäbischen Maultasche.

Mitten in meiner Erzählung, an der spannendsten Stelle, erwachte ich und lag in der Sonne am Wasserfall.

Den Dschungelpfad fand ich nicht, das Rezept der Mönche blieb mir jedoch in Erinnerung. »Serigala Dengan Jalan« nannte ich es übrigens zu Ehren des besuchten ehemaligen

WG-Mitbewohners Wolfgang. Laut Google-Translator ist »Serigala Dengan Jalan« die wörtliche indonesische Übersetzung von Wolf und Gang. Mal sehen, was dieser zu dem Rezept und zu meinen Indonesischkenntnissen sagt!

ZUTATEN (FÜR 2 PERSONEN)

50 g	Maultaschenteig
100 g	Milchreis
400 ml	Milch
2	Bananen
1	Päckchen Vanillezucker
	etwas Zitronensaft
300 g	Zucker
300 g	Kakaopulver
300 ml	Wasser
	Kirschwasser

ZUBEREITUNG

Als Erstes bereiten Sie den benötigten Teig zu (siehe S. 24) oder nehmen die entsprechende Menge aus dem Gefrierfach.

Lassen Sie sich bei der Schokoladensauce nicht von den ungewöhnlichen Mengenangaben für Zucker und Kakao verunsichern. Es hat sich einfach gezeigt, dass die Schokoladensauce perfekt wird, wenn man sie mit der jeweils gleichen Menge der Zutaten herstellt. Zucker, Kakaopulver und Wasser vermengen und erhitzen, bis die Sauce eingedickt ist. Auf Wunsch ein wenig Kirschwasser dazugeben. Schon ist eine einfache, aber sehr schmackhafte Schokoladensauce fertig.

Für die *Fülle* wird zunächst der Milchreis zubereitet. Hierfür Milchreis und Milch in einem Topf aufkochen. Danach bei kleiner Flamme und unter ständigem Rühren garen, bis der Reis weich ist. Den Milchreis vom Herd nehmen und mit zerdrückten Bananen, Vanillezucker und Zitronensaft vermischen.

Portionsgerecht auf den Nudelteig verteilen und Maultaschen falten. 10 Minuten in siedendem, leicht gesalzenem Wasser ziehen lassen.

Warme Maultaschen mit der Schokoladensauce servieren.

WEITERE FÜLLEN FÜR SÜSSE MAULTASCHEN

Bei der Suche nach der ultimativen süßen Maultaschenfüllung haben sich auch die folgenden Ideen positiv hervorgetan, aber entscheiden Sie selbst, welche tatsächlich die schmackhafteste ist!

Wie die Maultaschen mit herzhafter Füllung müssen auch die süßen Varianten nach dem Falten oder Wickeln circa 10 Minuten in leicht gesalzenem Wasser gegart werden, bevor sie serviert werden.

Zu allen drei Vorschlägen passen selbstverständlich auch die in den vorigen süßen Maultaschenrezepten angeführten Schokoladen- und Vanillesaucen. Auch hierbei sind, wie bei den Füllungen, Ihrer Kreativität natürlich keine Grenzen gesetzt. Probieren Sie auch Erdbeersauce, Eis oder frischen Obstsalat dazu!

Mehr als schlecht schmecken kann es nicht, und in diesem Fall können Sie den Nachtisch immer noch den badischen Nachbarn vorbeibringen ...

ITALIENISCH

Man bestreiche den ausgewellten Maultaschenteig unter Aussparung der Ränder mit Mascarpone und belege das Ganze mit zwei zerkleinerten Stücken Kaffeeschokolade. Beim Garen verbinden sich die beiden Komponenten zu einer Art Kaffeecreme. *A subbr Sach!*

EXOTISCH

Füllen Sie die Maultaschen mit einer Mischung aus Feigenmarmelade und Müsli zu gleichen Teilen. Schmeckt warm und kalt.

EINFACH

Die Maultaschen mit zerkleinerten Giotto-Kugeln füllen. Che buono!

Noch besser wird das Ergebnis, wenn man pro Maultasche zusätzlich ein Stück zerkleinerte Zartbitter- oder Kaffeeschokolade hinzugibt.

MAUL-TASCHEN-MENÜS

MAULTASCHENMENÜ »GUTBÜRGERLICH«

SUPPE

MAULTASCHE À LA OMA MARTHA IN DER BRÜHE

Seite 46

SALAT

MAULTASCHEN »JUHULIAN«

Seite 58

ZWISCHENGANG

GESCHMÄLZTE MAULTASCHEN MIT ZWIEBELN

Seite 42

HAUPTGERICHT

MAULTASCHENAUFLAUF »TRADITIONELL«

Seite 52

NACHTISCH

APFELMAULTASCHE MIT VANILLESAUCE

Seite 92

MAULTASCHENMENÜ »WELTRUF«

SUPPE

MAULTASCHEN »ALLERTHAI«

Seite 66

SALAT

MAULTASCHEN »VALENCIA«

Seite 64

ZWISCHENGANG

MAULTASCHEN À LA ALOIS

Seite 70

HAUPTGERICHT

MAULTASCHENAUFLAUF »PANAGIOTIS«

Seite 72

NACHTISCH

MAULTASCHE »SERIGALA DENGAN JALAN«

Seite 94

MAULTASCHENMENÜ »JUNG, WILD, LECKER«

AMUSE-BOUCHE

MAULTASCHEN-CANAPÉS

Seite 110

VORSPEISE

TAPAS: BIFTEKI, MEZE, CHILI, MAULTASCHEN »BER«

Seiten 62, 68, 76, 80

HAUPTGERICHT

MAULTASCHENLASAGNE »SAN MARCO«

Seite 84

NACHTISCH

MAULTASCHEN MIT GIOTTO-KUGELN GEFÜLLT

Seite 97

… UND KEIN ENDE

MAKING OF UND OUTTAKES

Wie an verschiedenen Stellen bereits gesagt, ist dieses Kochbuch von der Idee bis zu seiner Verwirklichung einen langen Weg gegangen. Es vereint verschiedenste Erfahrungen, die sich im Laufe eines Lebens in Schwaben und in Sehnsucht nach Schwaben angesammelt haben. Man könnte es mit einigem Recht ein »Schlüsselkochbuch« nennen. Doch während so viele Schlüsselromane, in denen Autoren ihre Lebenserfahrungen verarbeiten, von schweren Lebensphasen erzählen und ganz vom schmerzhaften Ringen mit dem eigenen Erinnern durchdrungen sind, so dass man beinahe meint, die vergossenen blutigen Tränen auf dem Papier noch sehen zu können, ist dies hier anders!

Wir sind sehr glücklich über unsere Vergangenheit im Ländle. Glücklich um alles, was das Ländle und alles und alle, die wir damit verbinden, uns gegeben haben. Nämlich eine wunderbare Basis, um die schönen Dinge der Welt und des Lebens zu entdecken. Und so hoffen wir, dass Sie das Anliegen des Maultaschenkochbuchs so verstanden haben, wie es gemeint ist: als eine Hommage an die Großmütter, Eltern, an das Aufwachsen auf dem Lande, ... an das Studium in Tübingen, an die Freundschaft und natürlich an Schwaben ..., und das alles gut gewürzt, abgeschmeckt und verpackt in Nudelteig – echtes Soulfood eben.

Und gerade weil diese Erinnerungen durchweg positiv besetzt waren, war auch der Entstehungsprozess des Buches freudig und schlichtweg schön. Schön war es, von alten Freunden Neuigkeiten zu erfahren oder in gemeinsamen Erinnerungen zu schwelgen. Schön war es, Rezepten den letzten Schliff zu geben, an neuen zu tüfteln und im kreativen Chaos besetzter Küchen in Berlin, Nürtingen – danke, Gabi! – oder Tübingen – danke, Hanna! – aufzugehen. So kam es zu manch ausgelassenem Abend – und hätte man uns gelassen, wären noch ganz andere Rezepte herausgekommen. Zum Beispiel stand der Maultaschen-Döner kurz vor seiner Perfektion. Es war nur nicht ganz klar, ob die Maultasche eher als Brötchen fungieren, aufgeschnitten und mit Kraut, Tzatziki, Salat und »Scharf« gefüllt werden sollte oder ob sie von einem gegrillten Maultaschenspieß geschabt und in ein Fladenbrot gehörte. Auch die Maultaschenpizza, das Maultaschensashimi, Maultaschen Hawaii mit Ananas, Käse und

Die Küche im kreativen Chaos.

Aus unserem Archiv: gemeinschaftliches Tüfteln an Rezepten in jüngeren Jahren.

einer Cocktailkirsche oder die Maultaschentorte hätten fast das Licht der Welt erblickt.

Nun ja, wie Genie und Wahnsinn liegen auch Kreativität und Nonsens nahe beieinander und so ist es vielleicht besser, dass das alles hier ein Ende hat. Wer weiß, in welche abstrusen Höhen wir uns sonst aufgeschaukelt hätten.

Dennoch wollen wir Ihnen – sozusagen als Zugabe – noch zwei Rezeptideen präsentieren, weil die eine einerseits etwas ist, das wir gerne mal auf einem schwäbischen Stehempfang gereicht bekommen würden – am liebsten im Weißen Saal des Neuen Schlosses, wenn wir für unsere Verdienste um die Maultasche den Verdienstorden Baden-Württembergs bekommen; die zweite, weil sie das Abgedrehteste war, womit wir geliebäugelt hatten.

Entscheiden Sie selbst, welche Beschreibung auf welches der folgenden Gerichte besser passt!

MAULTASCHEN-CANAPÉS

Man nehme hierfür einfach das vor Ihrem geistigen Auge vorhandene Bild des Käsewürfel-Trauben-Spießes und ersetze eines der beiden Teile durch einen gegarten oder angebratenen Maultaschenwürfel. Wahlweise kann man auch einfach noch einen Maultaschenwürfel hinzufügen. Idealerweise ist dieser dann sogar noch so heiß, dass der Käse leicht anschmilzt. Hmmm ...

Reichen Sie die Maultaschen-Canapés doch einfach als Amuse-Bouche zu jeder Gelegenheit – oder vor einem Maultaschenmenü (siehe ebendort)!

MAULTASCHEN IM EIMER

Es begab sich also zu der Zeit, als wir die ersten Maultaschenrezepte sammelten, dass ein guter Freund und eine Legende aus Tübinger Tagen sich für ein Jahr der Entwicklungszusammenarbeit in der Mongolei verdingt hatte. Dieser Freund, nennen wir ihn Ulf, unterhielt uns in regelmäßigen Abständen mit seinen sehr kurzweilig geschriebenen Rundmails, die Einblicke in die mongolische Kultur und die großen und kleinen Hürden des alltäglichen Lebens als Deutscher dort boten. In einer dieser Rundmails fand sich auch folgende Passage, in der Ulf von einem Sommerausflug an einen Fluss erzählte:

Maultaschen-Canapés: ideal für Stehempfänge!

Von Zwiebeln in der Schüssel bis zu Maultaschen im Eimer ...

»Der Fluss ist in der Steppe und dann gibt's da so ein paar Berge, es ist schon sehr malerisch. Dort wurde dann gegessen und getrunken, zentraler Bestandteil ist dabei ein Gericht, für das der Großteil einer Ziege, Steine und etwas Alibigemüse in eine Art großen Eimer gegeben und stundenlang gekocht werden. Mit den Steinen reibt man sich danach die Hände ab, was gut für die Gesundheit sein soll, bei mir aber eher Ekel hervorgerufen hat. Feuer machen ist in der Steppe ganz einfach, man sucht sich einfach ein wenig getrockneten Dung zusammen, der überall herumliegt, und los geht's. Ach so, ich hab einen Fitzel Ziege probiert und naja, das war dann schon recht weich und essbar, aber geschmacklich ist die Ziege doch mehr so die kleine Schwester vom Hammel. Und dann trinkt man natürlich ordentlich Wodka und schwingt große Reden. Brenzlig für meinen Magen wurde es, als gegen Ende der Zusammenkunft festgestellt wurde, dass ja noch acht Liter Airag – vergorene Stutenmilch – übrig sind. Flugs wurde ein Trinkspiel begonnen, dessen Regeln sich mir leider nicht erschlossen, weshalb ich innerhalb von zehn Minuten einen Liter von dem Zeug zu mir nehmen musste. Der Liter hat meinen Körper dann auch noch am nächsten Tag auf Trab gehalten.«

Und was hat das nun mit Maultaschen zu tun? Nun, auf der Suche nach Rezepten und dazugehörigen Anekdoten hatten wir kurz damit geliebäugelt, Ihnen dieses Bild zu präsentieren: Eine Gruppe wettergegerbter Männer und Frauen sitzt auf der Albhochfläche um ein Feuer, über dem ein Eimer hängt. Das Feuer haben sie vorher mit Schafskötteln angezündet und in dem Eimer befindet sich eine Maultaschensuppe, die außer Maultaschen noch Steine als besonderes Schmankerl enthält. Man trinkt Obstler, reibt sich für die Gesundheit mit den Steinen aus dem Eimer ab und irgendwann findet einer noch acht Liter Most ...

So, jetzt wissen Sie, um was Sie herumgekommen sind. Wir hoffen, es hat Ihnen gemundet, Sie lasen mit Freude und konnten vielleicht sogar das eine oder andere Mal schmunzeln. Guten Appetit!

Henning Drews und Daniel Jüttner

PS: Die Küche ist übrigens wieder geputzt.

Stückle | Klar ist, dass das Stückle die schwäbische Verniedlichung von »Stück« ist. In der Tat kann das Stückle für alles stehen, was auch ein Stück sein kann. Ein für Schwaben ganz besonders wichtiges Stückle jedoch leitet sich vom Grundstück ab. Hier steht Stückle für ein landwirtschaftlich genutztes Stück Land, das meist nicht sehr groß ist, sondern sich irgendwo zwischen Schrebergartengröße und einem Hektar bewegt. Bepflanzt ist es vorwiegend mit Obst- und Nussbäumen, aber auch Beerensträucher, seltener auch Beete, sind möglich. Wichtig ist auch, dass sich irgendwo auf dem Stückle ein »Bänkle« findet, wo man sich nach getaner Arbeit noch etwas ausruhen und sein Werk betrachten kann.

Tüftler | Der Duden beschreibt den Tüftler als »jemanden, der gerne tüftelt«, also »sich mit viel Geduld und Ausdauer mit etwas Schwierigem, Kniffligem in seinen Einzelheiten beschäftigt«. Gäbe es einen schwäbischen Nationalcharakter, dann wäre es der Tüftler (oder der Bruddler, je nach Tagesform). Allerdings trifft die Dudendefinition nur bedingt auf den schwäbischen Tüftler zu, denn der tüftelt nicht nur gerne, er tüftelt, weil er tüfteln muss, weil das Tüfteln sein grundlegendes Erkenntnisinstrument ist. Ja, der Tüftler nimmt die Welt als Zusammenballung von kleinen, kniffligen Problemchen wahr, für die es eine Lösung auszutüfteln gilt. Und wenn er sich dann einen möglichen Lösungsweg überlegt hat, versteckt er sich in seinem Werkstättle im Keller und kommt erst wieder hoch, wenn er das Auto, die Zündkerze, die Schlagbohrmaschine, den BH oder den Dübel entwickelt hat.

vergläbbern | Ein schönes lautmalerisches Wort, das den Vorgang von hochfrequentem Verrühren, Mischen oder Schlagen, meist beim Kochen oder Backen, beschreibt. Eine klassische Verwendung ist das Vergläbbern von Ei, wenn mit Hilfe einer Gabel in einer kleinen Schüssel das Eigelb und das Eiweiß zu einer homogenen Masse verrührt werden.

Veschpergeld | »Vesper« ist der – maskuline – lateinische Abend, »die Vesper« das Abendgebet in der katholischen Liturgie, und »das Vesper« (auf gut Schwäbisch natürlich »Veschper«) ist ursprünglich eine für gewöhnlich kalte Abendmahlzeit – das Abendbrot. Heutzutage bezeichnet das Vesper eigentlich jede kalte (Zwischen-)Mahlzeit – ganz unabhängig von der Tageszeit. Besonders häufig wird der Begriff für die Zwischenmahlzeit verwendet, die Schulkinder in der großen Pause verspeisen. Hierfür kann entweder von zu Hause ein »Veschperbrot« in eine »Veschperbüx« gepackt und mitgenommen werden oder man bekommt ein Veschpergeld mit, um sich das Veschper beim Schulbäcker zu kaufen. Zu meiner Grundschulzeit betrug das Veschpergeld übrigens niemals mehr als eine Mark. Und weil die Brezel 40 Pfennig und das normale Weckle 20 Pfennig kosteten, konnte von dieser Mark oft noch was gespart werden.

Weckmehl | Mittlerweile kann man bundesweit Semmelbrösel kaufen. Nach dem Oktoberfest der wohl expansivste bayerische Kulturexport. Aber nicht in Baden-Württemberg! Bei uns gibt es auch weiterhin Weckmehl. Das schmeckt übrigens viel besser, obwohl es genau das Gleiche ist.

SCHWÄBISCHE REDEWENDUNGEN

A subbr Sach ond gar ed deier! | »A subbr Sach« ist eine super Sache, die an sich schon ziemlich gut ist. Und wenn etwas super ist, dann wird es

Der Tüftler und die kritische Testesserin.

auch nicht besser, wenn »super« durch andere noch größere und hochtrabendere Adjektive ersetzt wird. Die einzige in Schwaben wirklich anerkannte Steigerung einer »super Sache« ist, wenn sie darüber hinaus auch nicht viel kostet, also gar ed deier ist.

Jetz kommsch amol her, na kriegsch 'n Schleck! | Diesen Satz hat wohl jedes Schwabenkind unzählige Male in seinem Leben gehört: »Jetzt komm mal her, dann gibt es was zu Naschen.« Besonders gerne und häufig wird diese Wendung von Großeltern gebraucht. Und das erfolgreich, denn mit Zucker fängt man Kinder, was vor allem hilfreich ist, wenn man selbst nicht mehr gut zu Fuß ist und die Kinder wegrennen. Ganz nebenbei bleibt man so noch als beste Oma oder bester Opa der Welt in Erinnerung.

's gibt nix Bessers wie ebbes Guats! | Es gibt nichts Besseres als etwas Gutes. Diese so bestechend einfache Weisheit geben Schwaben gerne nach einem wohlschmeckenden Mahl in Verbindung mit einem Seufzer der Zufriedenheit von sich. Dabei drückt dieser Satz in seiner Vielschichtigkeit mehr über die Schwaben aus, als beim ersten Blick zu vermuten wäre. So zeigt sich durch diesen Satz sowohl Bodenständigkeit als auch Bescheidenheit, aber zugleich auch die Fähigkeit, genießen und wertschätzen zu können.

's Leba isch koin Schlotzer! | In Zeiten, in denen »Das Leben ist kein Ponyhof« schon fast eine gesamtdeutsche Redewendung ist, ist es Zeit, sich der schwäbischen Version zu besinnen. Die ist übrigens viel älter – zumindest kennen wir sie schon viel länger – und außerdem: Warum sollte es überhaupt angenehm sein, wenn das Leben ein Ponyhof wäre? Das ist doch ein unheimlicher Aufwand, die Tiere zu pflegen, auszumisten, auszureiten und außerdem stinkt es. Kurz: Das Leben auf einem Ponyhof ist ganz sicher kein Schlotzer.

FÜR ERNE

DIE AUTOREN

Dr. Dr. Henning Drews, geb. 1982 in Ostfildern und aufgewachsen im dörflichen Großbettlingen. Er erlangte erste akademische Weihen am Hölderlin-Gymnasium Nürtingen. Beim Zivildienst in São Paulo verpasste er die große Möglichkeit, der Maultasche zu ihrem internationalen Durchbruch zu verhelfen, und kochte – um Zubereitung eines typisch schwäbischen Gerichts gebeten – Schupfnudeln. Zum Studium der Humanmedizin und Ethnologie in Tübingen angekommen, wurde er (zunächst unsichtbares) Gründungsmitglied der Lustnau-WG(s). Nach Auslandsaufenthalten in Brasilien, den USA, Lambaréné, Schleswig-Holstein, Norwegen und Dänemark kehrte er schließlich – weil es einfach nirgendwo schöner und leckerer war – mit Frau und Kindern ins Ländle zurück. Dort widmet sich der in Medizin und Soziologie promovierte Arzt der Psychiatrie und Psychotherapie.

Die Maultasche ist für ihn die beste Arznei, wobei auf die Dosierung in nicht (!) homöopathischen Portionen zu achten ist.

Daniel Jüttner, geb. 1983 in Nürtingen, aufgewachsen im ebenfalls dörflichen Stadtteil Raidwangen, sog er die schwäbische Tradition mit jedem Atemzug ein. Nach Abitur am Hölderlin-Gymnasium Nürtingen zog es ihn zum Studium der Internationalen Volkswirtschaftslehre nach Tübingen, wo er Gründungsmitglied und tragende Säule der Lustnau-WG(s) wurde. Zwischen Brunnenbaden und Clubhausfesten fand er immer Möglichkeiten, die Maultaschenkultur hochzuhalten, wobei er keine Gelegenheit ausließ, um der Rose-Wirtin in Lustnau in den Topf zu schauen.

Nach Auslandsaufenthalten in Brasilien, Spanien und Indonesien – wo er neue Anregungen für die Maultaschenküche aufsog – lebte er in Klein-Schwaben (Prenzlauer Berg, Berlin). Der Liebe wegen zog er dann nach Kreuzberg, wo er nun mit Partnerin und Tochter zusammenlebt. Er arbeitet im Bundesumweltministerium und versucht sich privat an möglichst nachhaltigen Variationen des schwäbischen Schutzguts.

DER FOTOGRAF

Valentin Marquardt. Der gebürtige Stuttgarter (1983) komplettiert die Runde der Absolventen des ehrwürdigen Hölderlin-Gymnasiums in Nürtingen. Vielfältig sportlich und künstlerisch begabt, musste er allerdings – anders als die anderen beiden hier Genannten – nicht sein Heil in der Diaspora suchen. Er lebt und arbeitet als Fotograf in Tübingen. Als studierter Soziologe weiß er um die Zentralität der Maultasche für das soziokulturelle Gefüge Schwabens, weswegen Maultaschen für ihn wie Jenga-Klötze sind, die man besser nicht entfernt.

IMPRESSUM

1. Auflage 2024
Überarbeitete Neuauflage,

Schweickhardtstraße 1, D-72072 Tübingen
(Originalausgabe 2016,
ISBN 978-3-8425-1444-7).

Umschlaggestaltung: Björn Locke
Curldesign, Herrenberg.
Lektorat: Gertrud Menczel, Böblingen.
Layout und Satz: Silke Schüler, Portimão.

Printed in Poland by CGS Printing.

ISBN 978-3-8425-2460-6

Ihre Meinung ist wichtig für unsere Verlagsarbeit. Senden Sie uns Ihre Kritik und Anregungen unter **meinung@silberburg.de**

Besuchen Sie uns im Internet und entdecken Sie die Vielfalt unseres Verlagsprogramms: **www.silberburg.de**

BILDNACHWEIS

Henning Drews: S. 15, 18, 37, 113, 119.
Daniel Jüttner: S. 19, 117.
Julian Reinhard: S. 2/3, 10, 13, 20, 22, 23, 25 links und rechts, 30, 33, 49, 96, 97 links und rechts.
Shutterstock, Fischer Food Design: S. 73,
Shutterstock, Liliya Kandrashevich: S. 77.
Valentin Marquardt: alle anderen Fotografien.

Rezepte aus Baden und Schwaben

Katharina Hild, Nikola Hild

Schwäbisch backen

Süß und deftig – 50 raffinierte Rezepte aus der Heimat

128 Seiten.
ISBN 978-3-8425-2375-3

Dieses schwäbische Backbuch präsentiert 50 raffinierte Rezeptvariationen bekannter Klassiker. Die Autorinnen greifen traditionelle deftige und süße Rezepte auf und interpretieren sie pfiffig und neu. Ob Aufläufe, Kuchen, Partygebäck und Häppchen für unterwegs, für jeden ist etwas dabei. Zum Nachbacken und Genießen!

Katharina Hild, Nikola Hild

So schmeckt's bei uns daheim

36 köstliche Klassiker der badischen und schwäbischen Küche

144 Seiten.
ISBN 978-3-8425-2380-7

Dieses Kochbuch vereint die beliebtesten traditionellen badischen und schwäbischen Rezepte aus Baden-Württemberg. Von Gaisburger Marsch, Maultaschen in der Brühe und Nonnenfürzle bis zu Badischer Zwiebelsuppe, Schäufele, Spargel und Schwarzwälder Kirschcreme. Perfekt für alle, die Lust auf heimische Küche haben.

SILBERBURG